쉘 위 브이
Shall We Volunteer

쉘 위 브이
Shall We Volunteer

라온누리 청소년 봉사단 파워틴스팀
김준혁/성지은/김성현/김청솔/김경노 지음

현대일보 2013년 07월 26일 금요일 010면 인천

우각로마을에 핀 재능나눔의 꽃

남구, 10대 자원봉사단 라온누리

남구 숭의동 109번지 우각로는 주민들이 떠나고 남은 빈 집들로 인해 재난, 안전, 생활환경 등 다양한 문제를 겪어왔다. 이에 2011년부터 남구의제21 실천협의회와 지역 문화예술인들, 주민, 행정이 지역의 문제를 해소하기 위해 함께 머리를 맞대고 마을이 탄생했다.

혜)과 라온누리 학생들이 행복도서관 자원봉사를 시작하면서 맺게된 인연은 점차 학생들이 문화마을의 취지에 공감하게 되면서 수동적인 봉사에서 적극적인 참여로 발전했다.

현재 라온누리는 마을의 문제점을 살피고 해소 방안을 함께 고민하고 만들어진 계획을 실천할 자

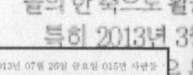

이 책은...

우리가 '라온누리'라는 청소년 봉사 단체를 알게 된 것은 한 매체를 통해서였다. '순전히 청소년들이 시작했고, 청소년들로만 이루어졌고, 청소년들이 이끌어 가는 봉사단' - 이들은 고등학생들이라기보다 전문성을 갖춘 사회인 같았다.

팀 내에 최고 연장자의 연령대는 만 18세 고등학교 3학년이다. 그들은 프로그램 기획부터 진행, 그 과정의 진행비용까지 모두 자체적으로 해결한다. 봉사 활동, 재능기부, 문화마을 재건활동, 단편영화 프로젝트 등 거침없이 봉사 영역을 확장해 나가고 있었다.

고3인데, 글도 쓰고 그림도 그리고, 봉사활동까지 할 시간이 있겠냐는 질문에 "고3이 봉사활동을 하는 것이 아니라, 봉사활동을 하던 중에 고3을 거쳐 가고 있을 뿐, 계속 이렇게 봉사활동을 하는 중에 어른도 되고, 할아버지 할머니도 되는 거죠 뭐!"라고 대답했던 아이들- 조금 투박하지만 그대로 아이들의 글을 책에 담았다.

요즘 청소년 문제가 심각하다고들 한탄하면서 나라의 미래를 걱정하는 이들과, 입시와 점수에 치인 청소년들과 공유하고 싶어서 이 책을 만들기로 했다.

세상을 청량하게 할 거라 기대하며...
 -해피맵 북스/편집팀

차례

이 책은... 5

10

어떤 기적도 만들 수 있다!
김준혁 | 인천외국어고등학교 3학년

50

나는 멘토라는 것에
주목하게 됐다
김성현 | 인천외국어고등학교 3학년

80

프로그램명을
"키다리 아저씨"로 정했다
성지은 | 부광여자고등학교 3학년

관심을 기울인다는 것은 중요한 시작이다
김청솔 | 부광여자고등학교 3학년

나는 이 세상에 필요한 사람이라는 확신을 믿었다
김경노 | 부광고등학교 2학년

멘토 쌤 한 마디... 170

라온누리 청소년 봉사단의
새로운 회원을 기다리면서

1

김준혁 | 인천외국어고등학교 3학년

어떤 기적도 만들 수 있다!

한 사람이 아이디어를 내면, 또 한 사람이 방법을 찾아오는 식으로 활동이 진행되니 혼자 활동할 때보다 훨씬 많은 일들이 기획되고, 진행 되었다. 사람이 모여 낼 수 있는 시너지가 정말 엄청나다는 것을 깨닫게 되었다.

• 봉사기간: 4년 (중3 ~ 현재)

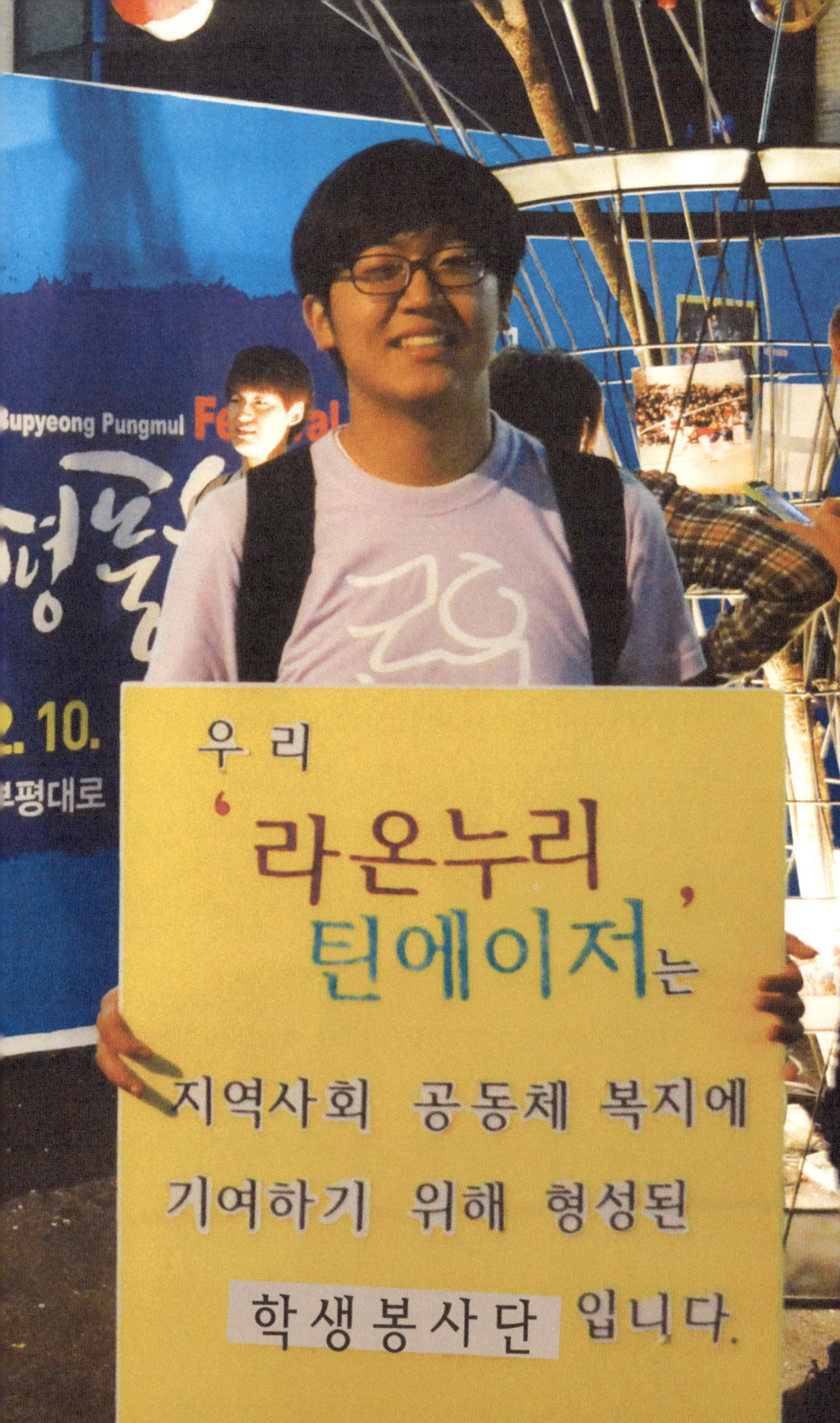

달리기

중학교 3학년 어느 가을이었다.

시험이 끝난 날에는 보통 집에서 영화를 보곤 했다. 하지만 봉사 시간을 안 채운다면 "도대체 봉사시간 언제 채울 거야?"라고 엄마가 닦달하실 것 같았다. 엄마의 명령으로 아빠가 나를 태워서 큰길에 내려놓고 가셨다. 어쩔 수 없이 나는 어둑하고 쌀쌀한 낯선 골목을 헤매야 했다.

"인천시 서구 가좌 1동..."

분명 근처까지 온 것 같은데 동네 사람들도 '푸른솔 생활학교'를 잘 모르고 있었다.

너무 어두워서 15분이나 헤매고서야 가좌 홈플러스 맞은 편 골목에 있는 푸른솔 생활학교를 겨우 찾을 수 있었는데 많이 놀랐다. 왜냐하면 푸른솔이 아이들이 있는지 의심될 정도로 너무 외지고 어두운 곳에 있었기 때문이다.

어쨌든 도착했다는 안도와 어떤 애들을 만날까 하는 설렘으로 현관에 발을 디뎠다.

그런데, 허걱! 현관에 불이 꺼져 있었다. 애들 가르치는 곳이 맞긴 한가? 하는 의구심이 들 정도였다. 그때, 2층에서 왁자지껄한 아이들의 음성이 들렸다. 잘 찾아오긴 했나보다 하는 생각으로 컴컴한 계단을 조심조심 걸어서 2층으로 갔다.

문을 열자 열 명이 넘는 아이들이 일제히 나를 쳐다봤

다.

조금 당황이 됐지만, 우선 인사를 했다.

"안녕, 나는…"

내 이름을 말하기도 전에 파란 티셔츠를 입은 남자 아이가 '우~' 소리를 내며 내게 돌진해오더니 들이받았다. 나는 하마터면 엉덩방아를 찧을 뻔했다.

이어서 네다섯 명의 아이들이 달려 들면서 말했다.

"업어줘!", "비켜!", "싫어, 내 거야." "우우~~"

결국 나는 뒤로 엉덩방아를 찧고 말았다.

여자아이들이 까르르 웃고 있었다. 나는 넘어진 채로 남자 아이들에게 깔려 일어 날 수가 없었다.

"얘들아, 좀 비켜봐! 악, 살려줘!!"

나는 살려달라고 큰 소리로 외쳤다.

아이들이 잠깐 주춤하는듯 하다가 재미있는지 다시 올라탔다.

"이 놈들! 그만 못해!"

선생님 한 분이 방에서 나오셔서 호통을 치셨다. 목소리가 얼마나 크고 위엄이 있는지 나까지 깜짝 놀랐다. 아이들은 얼른 놀던 자리로 갔다.

나는 선생님께 그림 그리기를 도와주기로 한 김준혁 이라고 내 소개를 한 후, 내일 있을 사생대회에 필요한 그림을 지도했다. 세 시간 동안 사생대회에 필요한 한글날에 대해 이야기해주고 그림 그리는 것을 도왔다.

봉사를 하며 몇몇 아이들은 처음부터 집에 가기 직전까지 내 등에 매달렸다. 시험 준비로 피로가 쌓인 상태에서 남자 애들과 씨름을 했더니 몸이 녹초가 되었다.

그때 퇴근하신 엄마께서 센터에 오셨다. 엄마는 몇 개월째 푸른 솔에서 봉사를 하고 계셨다. 엄마가 오기 전까지는 낯설었는데 안도감이 들었다. 만약 엄마가 없었다면 남자 아이들을 제지하는 법을 몰라서 더 힘들었을 것이다. 어떻게 해야 할지 몰라서 혼란스러웠기 때문이다.

봉사를 하다가 무심코 엄마 쪽을 봤는데, 초등학교 1,2학년 여자아이들이 엄마 손을 잡고 무릎위에 앉아서 엄마 머리를 만지거나 볼을 비비고 있었다.

'쟤들이 왜 저러지?' 하고 의아했다.

내 생애 봉사활동은 그렇게 시작되었다.
돌아오는 차 안에서 엄마에게 물었다.
"엄마, 아까 걔네들 어떤 애들이야? 되게 만지던데."

엄마는 약간 슬픈 표정으로 대답하셨다.

"그곳에는 26명의 수급자 가정, 결손가정의 아이들이 다녀. 부모님한테 사랑을 못 받아서 그런지

선생님한테 그렇게 애정표현을 해. 마음이 짠하더라."

그 곳에는 형편이 어려운 26명의 아이들이 생활하고 있다고 하셨다. 나는 돌아오는 차 안에서 봉사를 통해 그 아이들과 놀아주고 형, 오빠가 되어 줘야겠다는 생각을 했다.

현진이

다음 주 토요일 센터에 가보니 아이들이 그린 그림이 전시되어 있었다. 나란히 붙은 그림 중 잘 그린 그림에는 1등, 2등이라고 쓰인 꽃이 붙어 있었다. 그런데 1등으로 정해진 그림이 좀 이상했다. 가까이 가서 그림을 살핀 나는 깜짝 놀랐다.

한 남자가 여자에게 염산을 뿌리고 있는 그림이었다. 그림에는 '현진'이라는 이름이 쓰여 있었다.

놀래 그림을 멍하게 보고 있는데 누군가 빠르게 달려와 나를 들이받았다. 무방비 상태였던 나는 그대로 엉덩방아를 찧었다.

"너구나!"

지난주와 똑같이 파란 옷을 입은 그 남자 아이였다. 내가 반가워서 악수를 하자고 손을 내미는데 아이는 아주 사나운 표정으로 내 손을 물려고 했다. 선생님 한 분이 얼른 아이를 떼어 놓았다.

"현진이 너 형한테 그러면 못써."

선생님이 아이를 옆방으로 데려다 놓고 오셨다. 나는 그림에 대해 물었다.

"이거 방금 그 애, 현진이가 그린건가요?

선생님이 그렇다고 했다. 나는 왜 이런 그림이 1등을 했는지 궁금하다고 얘기했다. 그러자 선생님께서 그림 한 장을 더 갖고 오셨다. 그림을 본 나는 깜짝 놀랐다.

세종대왕이 칼에 찔려 죽는 모습이 그려져 있었다. 지난주에 세종대왕을 그리는 활동을 했는데, 그때 구석에서 혼자 다른 걸 하는 것 같더니 이런 그림을 그린 것이다.

선생님이 고개를 가로 저으시면서 말씀하셨다.

"과제에 참여하는 걸 보면 어울리고 싶어 하는 건 같은데.... 늘 이런 식이라. 기를 살려주면 나아질까 생각돼서 1등을 줬는데... 그 방법도 통하진 않는구나..."

현진이의 부모님은 두 분 다 장애인이라고 했다. 두 분이 서로 자신의 몸 하나 간수하기 힘든 상태라 현진이에게 애정을 주지 못했다고 했다. 그래서 그런지 현진이는 매사에 공격적이었고 표현이 과격했다.

나는 현진이와 소통할 수 있었으면 좋겠다는 생각을 했다. 그래서 되도록 자주 말을 걸었지만 현진이는 대답을 하지 않았다. 대답을 하지 않으니 더 이상 친해 질 수 없었다. 답답했지만, 다른 아이들도 많아 현진이만 붙들고 있기도 어려웠다. 현진이가 방을 나가 버리면, 쫓아서 가지 못하고 나머지 아이들과 프로그램을 했다.

그러던 어느 날 누군가 현진이의 그림을 건드
렸고, 현진이는 센터의 책상과 의자를 부숴버렸
다. 그리곤 그 뒤로 센터에 오지 않았다. 현진이
가 나가버린 다음주 토요일 원장님께 현진이의 소식을 여쭤보았
더니 이제 센터에서는 만날 수 없을 것 같다고 말씀하셨다.

"현진이는 가족에게 분노를 갖고 있고 제어하지 못해. 그래서
지속적인 사랑과 애정으로 아이를 보듬어줘야 해. 근데 아이가 안
오니까 그렇게 해 주지 못해서 안타까워. 아쉬운 대로 홈스쿨링
신청을 해 주었어."

그 뒤로 생각 날 때마다 현진이의 안부를 물었지만 현진이가 센
터에 오는 것을 거절했다는 대답뿐이었다.

지금도 현진이를 떠올리면 마음이 아프다. 어쩌면 내가 도와줄
수 있었을지 모르는데, 그때는 현진이의 그런 행동들에 두려움을
먼저 느낀 것 같다. 그 뒤로 현진이를 떠올릴 때마다 보고 싶은 마
음과 함께, 그때 내가 단 한번 이라도 따라 나가 끝까지 대화를 시
도했으면 어땠을까 하는 아쉬움이 늘 든다.

불편한 진실

푸른솔 센터에서 처음 봉사활동을 하고 집에 와 적어 놓은 아
이디어는 총 4개였다.

- 다양한 실내활동 늘리기
- 아이들이 친해질 수 있도록 공동체 활동 만들기
- 상담시간을 만들어 보기
- 야외프로그램 늘리기

그 다음 주부터 하나씩 실행해 나갔다. 그러다보니 자연스럽게 격주 토요일은 푸른솔 센터에서 시간을 보내게 됐다. 한 달을 꾸준히 하겠다거나, 일 년을 채우겠다는 생각을 하진 않았다. 그냥 이번 주에 프로그램을 해보니, 아이들이 좋아해서 한 번 더 하고 그 다음 주에 새로운 프로그램을 했는데 아이들이 재미없어해 좀 더 재밌게 바꿔보고 하다 보니 가을이 지나고, 겨울이 됐다. 다시

봄이 왔고 나는 고등학생이 됐다. 시간이 꽤 흘렀다.

그 동안 매주 센터에 나갔지만, 아이들과 친해지는 속도는 아주 느

렸다. 아이들은 나에게 달려들어 업어달라고 하고, 말을 태워 달라고 할 때는 많이 친해진 것처럼 느껴지는데, 이상하게 말을 걸면 대답을 잘 안했다. 속마음을 말하지 않으니 참 답답했고, 어떤 때에는 서운하기 까지 했다. 내가 열심히 준비해간 프로그램에 잘 참여하지 않거나, 계속 딴청을 부릴 때는 솔직히 화가 나기도 했다.

5월 8일 어버이날.

나는 종이 카네이션을 만들기 위해 재료를 가지고 갔다. 두 개를 만들 수 있는 재료를 나눠주고, 장애가 있는 친구들을 도와주며 만들기 시간을 가졌다. 그런데 평소에도 유난히 장난을 많이치는 남자아이 하나가 만들기를 하다말고 색종이를 다 찢고 있었다. 다가가서 보니까 카네이션도 하나만 하다 말고 만들어 놓고 나머지 재료를 망가트리고 있었다. 나는 화가 나서 남아 있는 재료를 빼앗았다. 그리고 남자 아이를 혼냈다.

"너, 이렇게 다 만들지도 않고 장난을 치면 안 돼."

"다 만들었어."

"거짓말 하지마."

"아니야 다 만들었어."

녀석이 갑자기 소리까지 질렀다. 나는 이번에 버릇을 고쳐줘야겠다고 생각하고 더 크게 소리쳤다.

"거짓말하면 진짜 벌 받는다."

"거짓말 아니야! 다 만들었어!"

녀석은 발까지 구르며 화를 내고 그나마 만들어놓은 카네이션을 다 찢어 버렸다. 나는 너무 화가 나서 다른 아이에게 갔다. 그리고 그 녀석을 계속 모른 척했다. 잠깐 내가 형답지 못하다는 생각을 했지만, 아무래도 오늘은 저 녀석이 잘못했다는 생각이 들어서 그냥 벌을 주기로 했다. 그런데 조금 있다가 간식시간에 같은 동네에 사는 여자아이 한 명이 와서 나에게 이런 말을 했다.

"쟤는 집에 할머니밖에 없으니까 그렇지…"

그 순간 나는 뒤통수를 맞은 것 같은 기분이 들었다.

"나도 집에 할아버지뿐인데, 오빠가 두 개 만들라고 해서 다 만들었어. 잘했지?"

여자아이가 그래도 자기는 두 개를 다 만들었다며 자랑을 하는데, 그 말은 들리지 않았다. 어떻게 해야 할지 눈앞이 캄캄했다. 할머니 한 분 뿐이니, 카네이션이 한 개만 필요했고. 하나를 다 만들었으니, 다 만들었다는 아이의 말은 거짓말이 아니었다. 그런데 내가 계속 거짓말을 하지 말라고 했으니 억울해 발을 구를 만 했다.

결국… 나는 그날 미안해서 아무 말도 못하고 집으로 왔다. 도망치듯 인사도 제대로 못하고 왔다.

그날 저녁, 나는 컴퓨터를 켜고 메모장에 아이들 이름 한명, 한명 적었다. 그리고 그 아이들에 대해 아는 것들을 적어 보았다.

의외로 많지 않았다. 매번 나는 이렇게 고생을 하는데, 애들이 마음을 열지 않는다고 한탄했던 것이 부끄러웠다.

나는 다음에 또 이런 실수를 하지 않도록 아이들의 환경표를 만들어 보았다. 센터에는 크게 세 가지 상황의 아이들이 있다.

조손가정 아동, 기초수급자 가정 아동, 장애 아동. 나는 그 세 가지 상황을 분류해 해당하는 아이들의 이름을 적었다. 나는 아이들의 이름만큼, 환경을 염두해두는 것도 중요하다는 것을 알게 되었다. 그 다음 주 토요일 아이들과 함께 지내며, 아이들 사이에도 그룹이 있다는 걸 알게 되었다.

부끄러운 얘기지만 처음에는 그냥 형편이 조금 어려운 아이들로 다 같다고 생각했었다. 그런데 아니었다. 아이들끼리도 부모님이 안 계신 아이들은 그런 아이들끼리, 기초 수급 가정 아이들은 또 그런 아이들끼리 편이 갈렸다.

살펴보니 아이들끼리도 각자 공감하는 부분이 달라서 였다. 안타까운 이야기지만 할머니 할아버지 하고만 지내는 아이들은 부모님에 대해 기대가 없다. 어디 계신지도 모르고, 못 만나기 때문에 많이 보고 싶어 하지도 않는다. 더군다나 부모님에 대한 얘기를 하는 경우도 드물고, 서로서로 할머니 할아버지 이야기를 한다.

기초 수급 가정의 아이들은 유독 부모님 얘기를 많이 했다. 엄마가 오늘은 일찍 데리러 온다고 했는데 늦는다며 한 아이가 볼멘소리를 하면, 조손가정의 아이들 표정이 대번 어두워졌다. 그 아이들은 그나마 늦게라도 오시는 엄마가 있는 그 애가 부러운 것이었다. 그럴 때는 그 화제로 너무 오래 이야기 하는 것보다, 다른 공

통된 화제를 이야기하는 것이 좋다는 것도 점점 알게 됐다. 나는 이런 식으로 내가 미리 알고, 고려해야 하는 부분들이 많을 거라는 생각을 하게 됐다. 따라서 좀 더 적극적으로 공부를 해보고 싶다.

물론 생활하면서 알게 되는 부분도 있다.

처음 아이들이 나를 향해 마구 달려들었을 때는 당황하고 겁이 났었는데, 이제는 내가 들어갔을 때 우르르 달려와 매달리고, 장난을 걸지 않으면 오히려 서운하다. 왜냐하면 아이들의 그런 행동이 좋다는 표현이라는 것을 이제 알게 되었기 때문이다.

하지만 그렇게 알아가는 건 너무 느렸다. 내 편에서 느린 건 큰 문제가 되지 않을 수 있었지만, 잘 몰라서 지난번처럼 실수를 하면 아이들의 마음에 상처가 될 수 있는 일이라 방법을 찾아야 한다는 생각이 들었다. 그리고 현진이가 생각났다. 그때 내가 현진이 같은 친구들과 대화하는 법을 좀 배우고 갔었더라면 얼마나 좋았을까? 나는 '사회복지학'이라는 학문에 본격적으로 관심을 갖게 됐고, 다행이 어머니가 먼저 그 공부를 하셔서 책과, 동영상 강의를 추천 받을 수 있었다.

라온누리

고등학교에 입학한 후 부터는 격주 토요일마다 봉사를 하게 됐다. 내가 입학한 고등학교에서 야간 자율학습이 실시되었는데, 월요일부터 금요일까지 매일 야간자율학습이 있어서 시간이 너무 나지 않은 탓이었다. 다행히 생활학교 원장선생님은 흔쾌히 허락해주셨다.

나는 격주로 가는 대신 일손을 모아 가야겠다고 생각하고, 교회의 형과 누나들에게 푸른솔 학교를 알렸다.

"누나! 격주 토요일 아침부터 시작하니까 같이 가자."

처음에는 요리 프로그램을 많이 했다. 아이들은 주말에 요리 교실을 연다는 소식에 덜 깬 상태로 센터에 오곤 했다. 까치머리를 긁적이며 재료를 다듬는 모습이 매우 기특했다. 누나들은 요리를 잘해서 푸른솔 아이들이 정말 좋아했다.

누나들이 요리를 하는 동안 나는 요리를 돕거나 남자아이들과 놀아주며 시간을 보냈다. 남자아이들은 처음 갔을 때와 마찬가지로 내게 업혀서 매미놀이와 햄버거놀이를 했다. 음식을 맛있게 먹은 후에는 아이들의 공부를 도와주었다.

푸른솔 아이들은 보통 아이들에 비해 학습속도가 느려서 문제

를 풀리거나 개념을 설명할 때 진득하게 기다려 줘야 할 필요가 있었다. 그래도 다들 잘 기다려준 것 같았다. 아이들은 공부를 재미있게 끝내고 우리와 밖에 나가서 야구를 하면서 친해졌다.

교육봉사를 한지 1년이 넘으니 한계에 다다르기 시작했다. 우선 프로그램에 한계가 왔다. 매주 간식을 만들어 먹고, 공부를 좀 하다 가는 게 반복되니 아이들이 지루해하기 시작했다. 하지만 지금 인원으로는 격주 봉사도 버거웠다.

월요일부터 금요일까지 야간 자율학습을 하니 모여서 아이디어를 짤 시간도 없었다. 그런데 새해가 되니 함께 봉사를 하던 형, 누나들이 고3이 돼서 봉사를 올 수 없는 상황이 되었다.

여러 명이 함께 하던 일을 혼자 해내려고 하다보니, 부족한 점이 한두 가지가 아니었다. 사람의 마음에 대한 이해도 부족했고, 복지 시스템에 대한 지식도 부족했다. 나는 어떻게 하면 이런 부족함을 해결할 수 있을지 대해 고민했다. 상담에 대한 지식, 레크레이션을 할 수 있는 능력, 여러 가지 자료와 자원 확보… 어디서부터 어떻게 더 공부해야 할지 막막했다.

처음엔 책들을 샀다. 상담에 관한 책, 장애아동에 대한 책, 복지에 관한 책, 레크레이션에 관한 책 그런데 읽을 시간이 정말 부족했다. 월요일부터 금요일까지 학교에 가는데, 정규수업이 끝나면 야간자율학습까지 있어 어려웠다. 매일 가방에 책만 넣어 갖고 다니는데, 어느 날 한 친구가 내 가방에서 '상담' 책을 보았다. 그러더니 '나 중학교때 또래 상담했었는데, 너도 상담에 관심 있어?'라고 말했다. 그 순간! 이런 생각이 들었다. '그래, 내가 지금부터 상담을 공부하는 것보다 경험이 있는 친구에게 도움을 청하는 게 방법일 수도 있겠다!' 그 친구의 이름은 성현이었다.

"성현아, 내가 매주 봉사활동을 가는 센터가 있는데 상담을 해줄 사람이 필요해. 가자."

나도 모르게 무작정 '가자'고 말해 버렸다. 사실 나는 부탁도 잘 하지 못하고, 어떤 일을 하든 생각을 많이 해 고지식하다는 이야기를 듣는데, 가자고 말해버린 건 그만큼 필요했기 때문이었던 것 같다. 그런데 성현이의 반응이 뜻밖이었다.

"정말? 나 봉사활동 너무 하고 싶었는데, 잘됐다."

성현이의 대답을 듣는데, 해가 짠 뜨는 것처럼 좋은 생각이 났다. 어쩌면 성현이 같은 친구들이 많을지도 모른다는 생각이었다.

나는 다른 학교 친구들에게도 적극적으로 푸른솔을 알렸다.

"격주 토요일 낮부터 시작하니까 시간 될 때 오면 돼."

그런데 바로 다음 주 예상 밖의 일이 일어났다. 처음 프로그램을 시작할 때는 성현이와 나 둘이었다. 아무도 오지 않으려나보다 하고 실망한 채 프로그램을 진행하는데 어떤 여학생이 학원에 다니는 여자 친구 한명을 데려왔다. 나는 그 친구에게 우선 구석에서 따로 놀고 있는 장애인 친구들을 챙겨 달라고 부탁했지만 처음이라 무엇부터 해야 할지 모르겠다며 머뭇거렸다. 나 역시 당황해서 무엇부터 해야 할 지 막막했다. 머릿속이 하얘졌다.

그때 봉사하는 사람들에게도 계획이 필요 하다는 생각이 들었다. 그리고 봉사하는 사람들을 관리하는 것도 중요한 일이라는 생각이 들었다. 정기적으로 함께 할 수 있는 봉사단이 있으면 좋겠다는 생각이 들었다. 나는 좀 더 적극적으로 사람을 모으기로 했다. 우선 다른 교회에 다니는 친구들에게 봉사를 하고 싶어 하는 친구들이 있는지 알아봐 달라고 했다. 그리고 내 메일 주소와 전화번호를 주었다. 그 다음 학교에서도 친구들을 모았다.

다른 교회에 다니는 친구들에게 연락해 봉사를 하고 싶어 하는 친구들이 있는지 알아봐 달라고 했다. 그리고 작년 봄에 '세이브더칠드런'(Save the Children) 모자 뜨기 봉사를 할 때 만났던 아이들에게도 문자를 보냈다. 그 다음, 학교에서도 친구들을 모았다.

처음에는 꽤 많은 인원이 연락을 해왔는데, 정기적으로 활동을 해야 한다는 설명을 듣고 여러 명이 빠졌다. 매주 정기봉사가 가능하고, 봉사단체를 만드는 것에 찬성하는 13명이 최종으로 남았다. 나는 13명의 명단을 만들어 푸른솔 생활학교 원장님을 만났다. 원장님은 우리 인원으로 할 수 있는 봉사활동을 찾아보라고 말씀하셨다.

그 다음 청천1동 사회복지사님을 만났다. 복지사님께서는 푸른솔 센터 외에도 많은 센터들이 관내에 있으며, 독거 노인분들이나, 장애를 가진 분들에게도 도움이 필요하다고 말씀해 주셨다.  정기적으로 모일 수 없는 친구들을 모아 한 달에 한 번씩 노인분들이나, 장애인들의 가정을 방문해 청소나, 목욕 등을 도와드리는 봉사를 하면 좋겠다는 아이디어를 이 과정에서 얻게 되었다.

그 다음 복지사님께서 소개해주신 이선희 상담사님을 만나 뵙고 봉사단에 대한 계획을 말씀드렸다. 이선희 상담사님은 다른 봉사단들이 어떻게 운영되고 있는지 말씀해 주셨다.

정보를 모두 모은 나는 지난겨울 '세이브더칠드런' 모자 뜨기를 하며 만나게 된 김병희 집사님을 만나 나의 계획을 말씀드렸다. 모자 뜨기 봉사를 여러 명과 함께 해보니 혼자 할 때보다 더 많은 도움을 줄 수 있었다며, 나에게 아주 좋은 생각이라고 격려해 주셨다. 뿐만 아니라 봉사단이 조직되면 집사님 댁에서 정기 모임을 가져도 좋다고 말씀해주셨다. 생각지도 못했는데 모임 장소까지 확보하게 된 나는 정말 기뻤다.

집으로 돌아온 나는 봉사단을 어떻게 운영할지를 정리했다. 우선 정기적으로 모일 수 있는 멤버들에게 작게라도 봉사단을 만들고, 그 봉사단을 중심으로 그때그때 사람들을 모아 규모가 있는 봉사를 하는 쪽으로 계획을 세웠다.

나는 봉사활동에 특히 적극적인 친구들과 자주 모임을 가지며,

봉사단 운영 계획을 구체화해서 갔다. 특히 네 명의 친구들이 아주 적극적으로 도와줬다.

그 넷 모두 사전에 봉사 활동 경험이 있어서 많은 아이디어와 힘을 보태주었다.

첫 번째 친구는 이미 나와 함께 봉사 활동을 하고 있는 '김성현'이었다.

나와 같은 학교에 다니는 성현이는 중학교 2학년 때부터 '또래 상담'을 해온, 봉사 선배였다. 사실 같은 학교를 다녔지만 성현이가 꾸준히 봉사를 해왔다는 사실도 몰랐고, 특히 상담 봉사를 해온 건 더더욱 몰랐다. 그런데 이 기회를 통해 이 사실들을 알게 되었다. 이런 친구가 가까이에 있었는데 모르고 끝까지 혼자 봉사했다면 매우 아쉬웠을 것 같다는 생각이 들었다. 이제라도 힘을 합치게 되어 정말 다행이었고, 앞으로가 기대됐다.

게다가 또래 상담 외에도 청소년참여위원회등 다양한 모임을 해 본 경험까지 있어서, 소통에 대한 많은 의견을 주었다.

"내가 그동안 여러 활동에 참여하면서 느낀 건데, 애들은 친한 애들이 있어야 열심히 참여해. 나 같은 경우는 흥미를 느끼면 가. 김준혁, 진짜 봉사를 열심히 할 계획이라면 한 달에 한 번은 애들과 만나서 의견을 나눠야 돼."

"어떻게 하면 좋을까?"

"일단 연락망을 확보해서 카톡방을 만들거나 카페나 티나루 홈페이지를 만드는 것이 필요할 것 같아. 그러나 제일 중요한 건 자주 만나는 거야. 봉사할 애들끼리 친해져야 봉사가 재미있어져."

두 번째 친구는 지난해 모자뜨기 행사에서 만난 성지은 이라는 친구였다.

그때 모자뜨는 봉사를 같이 하긴 했지만 많은 얘기를 못 나눴는데 알고보니 지은이도 중학교 1학년 때부터 봉사 활동을 해왔다고 했다.

하지만 봉사활동 점수 때문에 시작했었고, 유치원에서 여름에 풀 뜯고, 겨울에는 눈 치우고 화장실 청소 및 책상 청소를 했었다고 한다. 그때 유치원 선생님 중 한 분이 지은이 학생처럼 청소를 잘하는 친구 처음 본다며, 매일 와서 청소해줬으면 좋겠다고 할 만큼 정말 열심히 봉사했다고 했다.

땡볕에서 벌레가 싫고 무섭고 더웠지만 정말 열심히 풀을 뜯었다고 한다. 그런데 그 활동으로는 봉사점수를 받지 못했고, 이후에는 점수가 인정되는 교실 분리수거와 아침청소, 멘토멘티 봉사만 하게 되었다고 얘기했다.

그러다보니 봉사활동이 그냥 숙제처럼 느껴진다며, 보람을 느낄 수 있는 봉사활동을 하고 싶다고 얘기했다.

"나는 초등학교 때부터 용돈 관리를 할 만큼 꼼꼼하고 행정 일에 관심이 많아. 벌레 잡는 일만 아니면 완전 잘할 자신 있어."

기대에 가득 찬 지은이의 말을 들으니 나까지 그 말을 들으니 정말 힘이 났다.

세 번째 친구는 한 살 어린 김경노. 중학교 후배인, 친한 동생이다.

나는 오래 전부터 경노를 마음에 두고 있었다. 경노는 초등학교 3학년 때부터 장애우 가족봉사단 활동을 해오고 있었다. 그래서 장애우 친구들과 함께 한 경험이 많다.

나는 푸른솔에 있는 발달장애 친구들 이야기를 해주며, 김경노 너의 힘이 꼭 필요하다고 이야기 했다. 내 부탁을 들은 경노는 "형, 꼭 봉사단에 들어가야 해요? 그냥 필요할 때만 도와주면 안 돼요?"라고 했다.

나는 경노가 그렇게 말하는 이유를 이해할 수 있었다. 한 번 봉사를 시작하면 내가 맡은 아이에게 책임의식을 느끼게 되어 중간에 멈출 수가 없다. 경노는 그것 때문에 망설이는 것이었다. 나는 그런 책임감이 있는 경노가 꼭 필요했다.

"경노야, 형이 하려는 봉사단에 네가 꼭 필요해. 도와주겠니?"

경노는 웃기만 했다. 내가 다시 "해줄 거지?"라고 물으니 "네"라고 답했다.

경노는 일단 거절을 한다. 그러나 '네.'라고 대답을 한 다음에는 뭐든 무조건 열심히 하는 성격이다. 이렇게 해서 나는 봉사의 달인인 경노를 영입하게 되었다.

네 번째 친구는 김청솔이라는 친구인데, 포토샵도 잘하고 아이디어도 많아서 봉사단 홍보나, 봉사 프로그램을 만드는데 큰 도움이 될 것 같다고 경노가 적극 추천했다.

청솔이는 필을 받으면 단숨에 해버리는 성격이었다. 봉사단을 만들자고 결정한 그 순간, 청솔이는 그 자리에서 봉사단 카페와 회지 등을 만들자고 제안했다.

그날부터 틈나는 대로 만나 봉사단 창단 날짜와 이름을 정했다. 창단 날짜는 새 학기가 시작되는 3월 1일로 정했다. 이름에 대해서는 많은 의견들이 나왔는데, '행복한 세상'을 뜻하는 순우리말 '라온누리'로 정해졌다.

집으로 돌아오는 길에 나는 너무 행복해서 마음이 들떠 있었다. 나는 '라온누리'(행복한 세상)'라는 봉사단 이름이 정말 마음에 들었다. 나는 나에게는 물론, 우리 봉사단과 푸른솔 아이들 모두가 '행복한 세상'을 만들어 주고 싶다고 생각했다.

2012년 3월 1일, 김병희 집사님 댁에서 라온누리의 첫 모임이 열렸다.

우리끼리 창단식도 하고, 단체 티 제작과 라온누리 사이트 「raonnuri.tnaru.com」를 운영에 대한 구체적인 계획도 세웠다. 장소와 조언을 제공해 주시는 김병희 집사님께는 '멘토쌤'이라는 직책을 드리기로 했다.

그런데 막상 어른인 집사님을 멘토쌤으로 임명하려니까 기분이 이상했다. 하지만 라온누리는 어디까지 청소년 우리의 힘으로 이끌어 가는 단체이니 자신감과 확신을 가져야 한다고 생각했다.

멘토쌤께 이런 우리의 생각을 설명해 드리며, 멘토쌤 임명을 드렸고 선생님도 흔쾌히 수락해 주셨다.

나 혼자서는 생각도 할 수 없었던 다양한 아이디어들이 나왔다. 우리는 시간이 가는 줄 모르고 의견을 내고 계획을 세웠다.

5시간이 훌쩍 지나갔고, 2012년 라온누리가 할 일들이 종이에 차곡차곡 정리됐다.

1. 푸른솔 생활학교 프로그램
2. 청천동 독거노인 가정방문
3. 지체장애인 가정방문
4. 산곡중학교 다문화 가정 지원
5. 숭의동 우각로 문화마을 봉사

다들 봉사 활동을 꾸준히 해왔는데, 각각 봉사해온 분야가 달라서 매우 다양한 계획을 세우게 됐다. 그렇게 시작된 프로그램 중엔 푸른솔 생활학교를 위한 프로그램도 있다. 많은 프로그램 중 특히 기억에 남는 프로그램은 레고와 정크아트다. 미술을 잘하는 경노와, 청솔이가 재능기부를 하는 형태로 진행하기로 했다. 나머지 단원들은 일주일 동안 주변에 더 이상 사용하지 않는 레고를 기부 받기로 했다.

푸른솔 학교에서 '레고'와 '정크아트' 프로그램을 하던 날, 레고가 큰 인기를 끌었다. 아이들을 데리러 온 부모님들까지 레고를 갖고 싶어 할 정도였다. 우리는 이날 행사에 아이디어를 얻어 더 많은 재능기부 수업을 계획했다.

아직 우리가 갖고 있지 못한 재능이라면 배워서 전달하는 방법도 생각했다. 그래서 각자 관심 있는 분야의 수업을 신청해 듣고, 그 다음 아이들에게 그 과정을 가르쳐 주기로 했다. 성현이는 평소 가구 만들기에 관심이 있었다며 가구 만들기 수업을 들을 계획을, 청솔이는 PD가 꿈이라서 기록영화나 단편영화에 관심이 있다며 영화 수업을 듣고 싶다고 했다. 지은이와 경노도 어떤 과정이 좋을지 결정 하겠다고 했고, 나는 오랫동안 듣고 싶었던 인문학 수업을 들어야겠다고 결심했다.

한 사람이 아이디어를 내면, 또 한 사람이 방법을 찾아오는 식으로 활동이 진행되니 혼자 활동할 때보다 훨씬 많은 일들이 기획되고, 진행되었다.

사람이 모여 낼 수 있는 시너지가 정말 엄청나다는 것을 깨닫게 되었다. 나는 13명의 단원들의 활동을 보며 130명, 1300이 모인다면 어떤 기적도 만들 수 있겠다는 확신을 갖게 되었다.

진짜 우리

2012년 3월 1일 라온누리를 창단하고, 1년간 활동하는 사이 단원이 30명으로 늘어났다. 정기모임 시간 그동안 활동을 회지로 묶으려고 자료를 모았다. 역시나 제일 꼼꼼한 지은이가 가장 많은 자료를 갖고 있었다. 자료 안에 라온누리의 1년이 고스란히 담겨 있는 걸 보니 참 신기했다.

2012년 3월 1일 - 라온누리 창단
2012년 4월~6월 - 청천동 독거노인 봉사 시작
2012년 8월 - 라온누리 카페 개설, 푸른솔 생활학교 서구복지
　　　　　　박람회 봉사 참여
2012년 9월 - 부스러기나눔재단 주최 야구대회 해단식 참여
2012년 10월 - 부평풍물축제에서 라온누리봉사단 홍보, 푸른
　　　　　　솔 생활학교 수원화성 및 행궁 답사
2012년 12월 - 삼성꿈장학재단 장학지원사업 계획안 제출, 우
　　　　　　각로문화마을 봉사활동 시작, 제1회 라온누리 동계바자
　　　　　　회 개최
2013년 1월 - 삼성꿈장학재단 장학지원사업 면접

라온누리 봉사단은 원래 소규모 학생 봉사단의 형태였는데, 규모가 점점 커지게 되면서 봉사 활동의 영역도 그만큼 확대되었다. 그러다보니 재정적인 부분이 부족해졌다. 라온누리 회원들이 내는 회비를 뛰어넘는 규모의 활동들이 계획되기 시작했고, 우리는 그 한계를 극복하기 위해 '정기 바자회'까지 기획하게 됐다.

봉사단 규모가 커지자 그 안에서 자연스럽게 소모임이 생겨났다. 나는 초반부터 활발하게 활동해준 성현, 지은, 청솔, 경로와 함께 '파워틴스'라는 소모임을 갖게 됐다.

아무리 어려운 일이라도 '파워틴스'만 모이면 일사천리로 일이 진행됐다.

상담 성현, 기록 지은, 디자인 청솔, 진행 경노 그리고 계획 준혁 나까지 이렇게 우리 다섯 명이 모이면 뭐든 잘할 수 있다는 확신이 늘 있었다. 그러나 고2 겨울방학이 다가오고, 고3이 된다는 압박을 받게 되니 다들 라온누리에 소홀해지기 시작했다.

하지만 우리가 고3이 된다고 해서, 봉사가 줄어드는 건 아니었다. 그러다보니 행사가 임박했는데 준비가 안 되어 있는 경우가 자꾸 늘어났고, 그러면 우선 리더인 나에게 책임이 왔다.

그러나 우리가 고3이 된다고 해서, 일감이 줄어드는 건 아니니까 소홀한 만큼 공백이 바로 드러났다. 행사가 임박했는데 준비가 안 되어 있는 경우가 늘어났다. 그러면 우선 리더인 나에게 책임이 왔다.

단원들에게 야속한 마음을 갖게 됐다. 그러자 모임에서 그런 마음이 자꾸 표출됐다. 단원들은 나를 불편해 했고, 점점 갈등이 커졌다. 나와 다투고 홧김에 봉사활동을 빠지는 단원까지 생겼다. 그럴 때마다 이런 이유로 봉사활동을 망칠 수 없다는 생각에 무리를 해서라도 내가 그 몫을 다했다. 나중에는 내가 할 일도 미루면서 봉사 활동에 몰두하는 상황이 됐다.

그런 문제를 제일 먼저 눈치 챈 건 어머니였다. 준비물이나, 교과서를 제때 못챙겨 허둥대는 모습을 여러 번 들킨 탓이다. 어머니는 고3이 되는 내년 1년 동안 만이라도 봉사를 내려놓으라고 말씀하셨다. 하지만 이미 약속된 봉사를 취소할 수는 없었다. 당장 오늘 목욕을 하지 못하면 일주일을 기다려야 하는 할아버지께, "수행평가가 있으니 다음 주까지 목욕을 참으세요."라고 말 할 수 없었다. 나는 할 수 있는 만큼에서 봉사활동을 했다.

그러다 정말 중요한 수행평가를 제출하지 못하는 일이 벌어지고 말았다. 학교에서 실컷 혼나고 집에 돌아오니 어머니가 아주 무서운 표정으로 나를 기다리고 계셨다.

"김준혁, 너 수행평가 결국 제출 못했다며?!"

"죄송해요. 제가 너무 바빠서 깜빡했어요."

"이 녀석아, 고등학생한테 수행평가보다 바쁜 일이 뭐야?"

"토요일 오전까지 생각하고 있었는데... 토요일, 일요일 계속 바빠서..."

"준혁아, 엄마가 여러 번 얘기했잖니. 모든 일엔 때가 있어. 지금은 시간을 아껴서 성적을 만들 때야. 그 성적을 기반으로 우선 좋은 학교를 가고, 거기서 전문적으로 '사회복지'를 배운 다음, 봉사해도 늦지 않아. 지금 널 봐. 봉사단 친구들 하고 늘 다투고, 주말에 쉬지를 못하니 어린애가 피곤하다는 말을 입에 달고 살고. 너 몸무게도 10kg이나 줄었잖아. 그만큼이나 빠졌고 이제 고3인데

체력관리도 해야지 너 스스로도 다스리지 못하면서 누굴 돕는다는 거야?"

그게 아니라고 이건 아주 의미 있고 중요한 일이라고 말씀드리고 싶었지만, '지금 널 봐.'라는 말씀이 내 마음에 쿡 박혔다. 어머니 말씀이 맞았다. 나는 나를 다스리지 못하고 있었다. 내 마음엔 친구들에 대한 서운한 마음, 입시에 대한 스트레스만 가득했고, 머릿속엔 '내가 지금 뭘 하고 있는 건가.' 하는 생각만 맴돌았다.

방으로 돌아온 나는 컴퓨터를 켰다. 메일이 도착했다는 알림이 울렸다. 라온누리에서 온 공지 메일이었다.

"산곡중학교 교복기부를 위한 자금마련 바자회. 휴..."

메일을 읽어보니, 삐걱삐걱 문제를 얘기하는 내용뿐이었다.

- 마땅한 장소가 없다.
- 기부 받은 물건을 둘 곳이 없다.
- 홍보전단을 만들어야 하는데 왜 시간과 장소를 안 주냐.

그중 제일 속상한 내용은 이번 행사에 참여 할 수 없는 단원들의 명단이었다.

'이번 행사는 규모가 크니 되도록 많이 참여해 달라고 그렇게 부탁을 했는데...'

가슴이 답답했다. 그러면서 마음 한 켠에 '그래, 어디 두고 보자 아무도 도와주지 않아도 해내고야 말겠어.'라는 생각이 들었다. 아무도 내 편을 들어주지 않는다는 생각에, 보란 듯이 해내고 말겠다는 오기가 생겼다.

나는 혼자서라도 하겠다는 마음을 먹었다. 그리고 다음날 장소를 확보하기 위해 뛰어 다녔다. 하지만 장소를 구하는 것부터, 바자회 물건을 모으는 일까지 어느 것 하나 그냥 되는 게 없었다.

그때만 해도 봉사를 위한 바자회이니 누구라도 선뜻 장소를 내주고, 너도 나도 바자회 물건을 내줄 거라고 생각했던 것 같다. 그러나 현실은 전혀 달랐다.

나는 아무런 성과 없이 회의에 참여했다. 날짜는 다가오는데 준비 된 건 하나도 없었다. 단원들은 우리만의 힘으로 이 모든 일을 해내기엔 역부족이라는 결론을 내렸다. 그리고 빠른 시일 안에 우리를 도와줄 사람들을 찾아보자고 했다. 대안을 제시 할 수 없었던 나는 단원들의 의견에 동의했다. 결국 산곡교회 앞에 있는 '아름다운 가게'에서 바자회를 할 때 유의할 점 등을 배워 보자는 결론이 났다.

단원 몇 명과 아름다운 가게를 찾아가 이번 행사에 도움을 요청드렸다. '아름다운 가게'에서 장소와 진열박스 행거와 옷걸이를 제공해 주시기로 했다. 천만다행이었지만, 한편으로는 이게 맞는 걸까? 고민이 들었다. 우리 힘으로 해야 하는 게 아닐까? 이렇게 된다면 과연 우리

의 역할은 무엇인가? 하지만 그런 고민을 할 시간도 없었다. 눈이 올지도 모른다는 일기예보에 대비해 천막을 빌려야 했다. 여러 곳을 돌아다닌 끝에 대형 천막 하나를 무상으로 대여 받기로 했다. 그제야 홍보전단 제작이 시작됐고, 기부금 상자도 만들기 시작했다.

겉으로 보기엔 그럭저럭 진행이 되고 있었지만, 그때 내 마음엔 매일 크고 작은 폭풍이 일어났다. 내가 리더로서 자격은 있는 것인지 자꾸 의심이 들었다. 자신감이 떨어졌고, 바자회 준비에서 점점 물러나게 되었다. 친구들에게 일을 나누어 주고 정작 나는 일을 많이 맡지 않았다. 왠지 잘 해낼 수 없을 것 같다는 생각이 자주 들어서 괴로웠다.

그리고, 바자회 당일. 결국 사건이 터졌다.

그날따라 아침부터 눈이 많이 왔다. 한쪽에서는 물건을 팔고, 한쪽에서는 차를 팔기로 했는데 내가 빌려 놓은 천막은 하나뿐이었다. 천막 하나에 물건과 차를 끓일 물품들이 다 들어가지가 않았다. 그제야 정신을 번쩍 차린 나는 그 근방을 1시간 동안 돌아다니며 천막을 빌려 줄 곳을 찾았다.

가까스로 한 장로님에게 부탁해서 산곡교회에서 천막을 빌렸다. 대원들은 그게 어디냐

며 다행이라고 했지만 사실 문제는 그게 다가 아니었다. 날씨가 생각보다 많이 추웠고, 오들오들 떠는 단원들을 위한 것이 아무것도 준비되어 있지 않았다. 휴대용 난로나, 옷 등을 준비했어야 했다는 생각이 그제야 들었다. 나는 뒤늦게라도 그것을 수습하려고 급하게 뒤풀이 계획을 잡았다.

봉사를 마친 후 늘 모이던 집사님 댁에 모여 몸을 녹이고 맛있는 간식도 먹으면 좋겠다는 생각을 한 것이다. 그러나 손님들이 몰려들고, 바빠지면서 그 얘기를 전달하는 것을 깜빡했다. 결국, 초반에 얘기를 전해 들은 몇 명만 남았고, 대부분은 단원들은 몸이 꽁꽁 언 상태로 귀가해 버렸다.

바자회를 마친 주, 정기 모임 시간 바자회에 대한 브리핑이 시작됐다.

"바자회 하면서 좋았던 점과 어려웠던 점들을 얘기해보자."

단원들이 순서대로 이야기를 시작했다.

"다음에는 장소가 좀 빨리 정해졌으면 좋겠어. 그래야 홍보할 시간을 벌거든"

청솔이의 얘기를 들은 나는 얼굴이 화끈해졌다. 처음 장소를 알아보는 건 내 역할이었고, 내 탓을 하는 것 같다는 생각이 들었다. 무어라 대답 할 틈도 없이 문제점들이 쏟아져 나왔다.

"천막도 부족했고, 의자도 부족했어."

"처음에 계획 세울 때 천막이 한 개인게 이상하긴 했어."

나는 순간 아무 말도 할 수가 없었다. 단원들이 라온누리 활동에 소홀해졌다는 생각에, 되도록 적게 일을 주고 내가 나머지 일을 다 해야겠다고 마음을 먹었던 게 떠올랐다.

'그래, 어디 두고 보자 아무도 도와주지 않아도 해내고야 말겠어.'

누군가에게 그때 내 모습을 들킨 것처럼, 얼굴이 화끈거렸다.

내가 그런 마음을 먹었다는 걸 아무도 모르지만, 스스로에게 너무 부끄러웠다. '나는 정말 리더 자질이 없는 것 같구나'라는 의심이 확신으로 다가왔다. 또한 '난 이정도인가. 여기가 내 한계인가'라는 생각에 하루 종일 화가 났다.

회의를 마친 나는 멘토 선생님을 찾아가 바자회 사건과, 그간의 나의 마음을 말씀드렸다.

그러자 선생님께서 이렇게 말씀하셨다.

"준혁아, 리더가 가장 먼저 생각해야 할 것은 '성공' 아닌 '사람'이란다."

나는 그때 깨달았다. 내가 리더로서 '성공'에 전전긍긍해 단원들을 '신뢰'하지 못했다. 끝까지 믿고 기다리지 못하고, 나서서 해결해 버린 것이 그 순간에는 성공 같아 보였지만, '라온누리'가 단단해 지는 데는 오히려 방해가 된 것이다.

어쩌면 단원들도 내가 자신들을 완벽하게 믿고 있지 않다는 걸 느낀 걸지도 모른다는 생각이 들었다. 그럼 나라도 소홀해 질 것 같았다. 책임감은 스스로의 결심에서도 나오지만, 누군가의 기대에 부합하려는 마음에서도 나온다.

그리고 이어진 선생님의 한 마디는 내게 큰 힘이 되었다.

"준혁아, 나는 어려움이 있을때 성경 고린도전서 10장 13절 말씀을 묵상하면 큰 힘이 난단다. 그래서 그동안 많은 어려움을 극복했지. '사람이 감당할 시험밖에는 너희가 당한 것이 없나니 오직 하나님은 미쁘사 너희가 감당하지 못할 시험 당함을 허락하지 아니하시고 시험 당할 즈음에 또한 피할 길을 내사 너희로 능히 감당하게 하시느니라' 는 말씀이지."

그날 이후, 나는 모든 행사에 앞서 사전에 역할 분담을 철저히 하고, 각자에게 책임을 부과했다. 중간중간 진행을 체크하되 나서지는 않았다. 대신 라온누리 다이어리를 사서 미리 계획을 세우고 점검을 했다. 행사를 마치면 그 보고서를 토대로 개선사항을 정리하고 그 내용을 단원들과 나눴다.

그러자 놀라운 일이 일어났다. 어떤 역할에 있어서 자신의 활약이 정확하게 드러나자 봉사단원들의 만족도가 올라가기 시작했다. 참여율도 점점 높아져 등록 단원 중 거의 90%가 활동 단원이 되었다.

누군가를 믿고 기다리는 연습이 나한테는 참 어려웠던 것 같다. 그런데 조금씩 기다리는 연습을 하다 보니, 내게도 여유가 생겼다. 지금 생각해도 바자회는 기억 속에서 지워버리고픈 실수를 한 날이다. 하지만 아픈 만큼 나에게 분명히 약이 된 경험이었다.

이런 열정과 자세로 봉사를 해온 결과, 이 모습을 좋게 지켜보신 푸른솔 원장선생님께서 12월에 삼성꿈장학재단의 장학지원사업을 신청하실 때 라온누리와 함께 진행하자고 말씀하셨다. 서류를 작성하면서 우리는 원장선생님과 함께 아이들에게 어떤 것을 해줘야 할지 진지하게 고민했다.

고민 끝에 우리는 '라온누리 봉사단과 함께 하는 수업 계획안-미래의 나의 모습을 만나보는 거야'를 기획하게 되었다. 프로그램의 취지는 푸른솔 아이들에게 우리들의 모습을 '롤 모델'로 보여주어 스스로 꿈을 향해 나아갈 수 있도록 날개를 달아주는 것이었다.

원장선생님께서는 라온누리의 재능과 의사를 반영하여 푸른솔 아이들과 함께 진행하는 동아리수업인 영어, 중국어, 한국사, 요리수업 등을 기획하여 1차 서류를 작성하셨다. 이 밖에도 목공수업, 집단 상담 등의 프로그램도 기획되었다.

심사가 무난히 통과했고, 라온누리의 대표인 나는 성현과 함께 1월 7일 2차 면접에 참석했다.

다른 친구들은 1주일 전부터 삼성꿈장학재단이 있는 서울역에 응원을 가기 위해 홍보물을 만들었다. 면접날은 날씨가 추웠고 학교에 가서 빠진 친구들도 많았지만 그래도 21명의 단원들이 참여하여 응원해 주었다.

면접에서 원장님의 이야기하듯 담담하게 말씀하시는 모습에 나는 감동을 받았고, 면접관들도 잠시 펜을 내려놓고 말씀을 경청하셨다. 선생님은 푸른솔과 라온누리에 대해 소개한 후, 아이들 개개인의 스토리를 전하셨다.

다음으로 면접관이 나와 같이 참여한 선생님과 나에게 어떻게 봉사를 하게 되었는지 질문하셨다.

나는 내가 봉사를 시작하게 된 계기와 앞으로 어떤 봉사를 하고 싶은지 소신껏 말했다. 면접관들이 모두 방긋 웃어주셨다.

면접장을 나오면서 선생님은 내게 "어린 나이에 이런 일을 한다는 건 대단한 일이야. 모쪼록 장학사업이 선정이 되든, 안 되든 열심히 하자꾸나."라고 덕담을 해주셨다.

긴 기다림 끝에 2월, 삼성꿈장학재단에서 연락이 왔다. 장학지원사업이 확정 되어 라온누리가 푸른솔 생활학교에서 자신들의 재능을 기부할 수 있게 되었다는 소식이었다. 얼마 후 '장학지원사업 지정패'를 센터에 걸었고 우리도 분주하게 수업 준비를 시작했다.

이윽고 3월 1일 역사탐방을 시작으로 동아리 수업이 진행되었다. 수업은 공부뿐만 아니라 놀 수 있게끔 기획했다. 특히 요리 수업은 푸른솔 아이들이 모두 참여하는 프로그램이라서 만족도가 아주 좋았다. 다른 수업들도 만족도가 괜찮아서 나름 성공적이었다고 평가받았다.

푸른솔 생활학교
동아리 수업 계획서
- 미래의 나의 모습을 만나보는 거야 -

	이름	재능자원봉사강좌	예정날짜
동아리 수업	김준혁 (인천외국어고등학교) 김성현 (인천외국어고등학교)	만리장성은 정말로 만리일까? -내가 경험한 중국기행-	주 중 야간
	김청솔 (부광여자고등학교) 성지은 (부광여자고등학교) 서정연 (산곡고등학교)	나도 기자다! -푸른솔만의 책자를 만들어 보자-	주 중 야간
	변영환 (가림고등학교) 홍영기 (인천외국어고등학교) 안상민 (부광고등학교)	선배가 알려주는 역사 편지 -우리 역사를 바로 알자-	주 중 야간
	김은정 (명신여자고등학교) 김민서 (산곡고등학교) 오진욱 (인천외국어고등학교) 임현석 (산곡고등학교)	Let's Speak In English! -영어 회화를 배워보자-	
	김경노 (부광고등학교) 이연주(부평여자고등학교) 이지선 (부광여자고등학교) 최가영 (산곡고등학교)	내일은 요리 왕! -모두가 참여하는 요리대회-	주말 오전

언젠가 모두 '라온누리'가 될 때까지

2012년 3월 1일 '라온누리'를 창단하고, 2013년 8월 현재까지 참 많은 활동들이 있었다. 라온누리를 시작하기 전, 혼자 활동한 2년 동안에는 절대 할 수 없었던 큰 행사들을 했다. 푸른솔 생활학교 아이들 교육, 청천동 독거노인 가정방문, 지체장애인 가정방문, 산곡중학교 다문화가정 문화체험, 숭의동 우각로문화마을 등 우리가 계획했던 일들을 정말 하나하나 실천해 갔다. 거기에 계획에는 없었던 다문화 가정 교복지원행사, 그리고 그 행사를 위한 바자회까지 진행하면서 참 많은 일들을 겪었다.

그 많은 일들 중 한 가지 활동이 끝날 때마다 내가 느끼는 건 늘 같은 것이었다. 나는 참 부족하구나... 맨 처음 현진이와 의사소통에 실패하며 내가 소통에 부족한 사람이라는 것을 알게 되었다. 전에는 친구들이 "너는 부모님 두 분이 다 공무원이셔서 그런지 참 고지식하구나."라고 말할 때마다 잘 알지도 못하면서 그렇게 얘기하지 말라고 대답을 했는데, 봉사 활동을 하며 내가 타인을 잘 이해하지 못한다는 생각을 하게 되었다. 그것이 계기가 되어 마중물 연구소 인문학 수업을 스스로 찾아 듣게 되었다.

나는 그 수업을 들으면서 내가 또래보다 유연한 생각을 잘 하지 못했다는 걸 깨달았다. 나는 항상 내 생각에 틀릴만한 점이 별로 없다고 생각하며 지내왔다. 그런데 라온누리를 활동을 하며 같은 목표를 두고도 다른 의견을 갖는 친구들과 소통하게 되었고, 그때마다 내가 옳지 않을 수도 있음을 인정하게 되었다. 그리고 마중물 활동을 하면서 그런 점들을 바꿔 나가게 되었다.

마중물에서는 한 달에 한 번씩 책을 읽고 정기적인 모임을 가지는 '책읽기 강좌'가 있었다. 처음에는 푸른솔 아이들에게 도움이 될까 하는 마음에서  참여했다. 그 책읽기 강좌에는 우리 같은 10대부터 80대까지 다양한 연령대의 사람들이 있었다. 어른들이 책을 읽고 나서 각자의 의견을 내실 때, 나는 경청하며 '내 생각만 전부 옳은 것은 아니구나.'라고 깨닫게 되었다. 그리고 어떤 일을 바라볼 때, 수평적인 관계가 아닌 다각도에서 접근할 수 있는 힘을 얻었다.

의견 공유가 끝나고 교수님이 마침 강의를 해주시는 것도 인상적이었다. '우리 사회의 안전망을 만드는 것은 사회복지 정책이다. 하지만 이 정책은 세력이 없이는 불가능하다. 그러므로 우리 사회 곳곳에서 일하는 사람들과 함께 협동하자'라는 말을 하셨을 때, 나는 '라온누리'를 창단한 것에 대한 확신을 얻게 되었다.

라온누리 활동을 시작할 땐 분명 보람이 더 커질 거라고 생각했다. 그러나 매일 나의 부족함이 드러났다. 그럴 때면 포기하고 싶다는 마음도 들었다. 하지만 그때마다 현진이가 떠올랐고, 재엽이 형이 격려를 해줬다. 나는 그 두 사람을 위해서라도 이 일을 끝까지 해내고, 사회복지 공부를 해야겠다고 결심했다.

그래서 포기하는 대신 부족한 부분을 공부했고, 좌절하는 대신 내가 못하는 부분을 나누어 채워줄 수 있는 단원을 찾아 협력을 통해 문제를 해결하는 법을 찾았다.

결심을 굳혔다. 4년간 봉사활동을 하면서 내가 무엇을 해야 하는지를 확실하게 깨달았기 때문이다. 나는 재엽이 형 같은 사람이 편견에 상처받지 않도록 사람들의 인식을 개선할 수 있는 복지 프로그램을 만들고 싶다. 단지 도와줄 대상이라고만 생각하는 것이 아니라, 그들을 친구로 받아들이고 함께 호흡하는 것을 당연히 생각할 수 있도록 그렇게 생각하지 못하는 일반인들을 돕고 싶다.

현진이는 나에게 책임감을 느끼게 하는 기억이다. 다음에 누군가 봉사 활동을 한다면, 그때의 나처럼 준비되지 않은 상태가 아니라 준비된 상태에서 현장에 나가고, 친구들을 만날 수 있도록 봉사를 원하는 사람들을 위한 사전 프로그램을 만들고 싶다.

나는 이 모든 바람들이 이루어질 것이라고 생각한다. 왜냐하면 조금 느리지만 하나씩 배워가면 꿈이 실현된다는 것을 라온누리를 통해 알았기 때문이다.

E.허버트 박사는 '별들은 협동하지 않고는 아무 것도 얻지 못한다. 사람도 마찬가지이다.' 라고 했다. 또 마중물에서의 수업에서

도 '모두가 평등한 위치에서 살아갈 수 있도록 한 목소리를 내야 한다'고 했다. 따라서 내가 꿈꾸는 복지를 실현하기 위해서는 '언제나 민생을 염려하노니'의 책에 나오는 경세가들처럼 국민을 위해 헌신하는 위정자의 자세가 필요하다. 그러나 복지사회는 한 사람의 노력으로는 완성되지 않는다. 세종대왕처럼 국민을 생각하는 마음으로 노사정민(勞使政民)이 협력해야 한다.

나는 '세종대왕'처럼 느리지만 백성을 사랑하는 협력의 리더가 되고 싶다. 빠른 결과를 원하는 요즘 시대에 느림은 단점이 될 수 있다. 그러나 내가 생각하는 복지는 빨리 간다고 실현되지 않는다. 느림은 다른 사람들을 이해하고 소통할 수 있는 여유를 주어 결과적으로 모두와 속도를 맞출 수 있게 해준다.

이상적인 복지사회도 그런 것이라고 생각한다. 한 사람의 열 걸음보다 열 사람의 한 걸음. 나는 각각 속도가 다른 아홉 명을 기다려 줄 수 있는 느린 한 사람이 되어 모두가 다함께 걷는 사회를 만들고 싶다. 나는 모두가 '라온누리(즐겁고 행복한 세상)'를 외칠 그 날까지 느린 속도로 걸어갈 것이다.

김성현 | 인천외국어고등학교 3학년

나는 멘토라는 것에 주목하게 됐다

누군가의 마음을 읽어주고, 그들이 스스로 목소리를 내도록 도와주고 싶다. 내 상처는 내가 직접 말할 때 정확히 전달된다. 어디가 아픈지 말할 수 있다면, 이미 치료가 시작된 거라고 생각한다. 그리고 그 아이들에게 지속적으로 멘토가 되어줄 대상을 찾고 그 대상과 연결해 주는 시스템도 개발하고 싶다.

• 봉사기간: 5년 (중2 ~ 현재)

또래상담사

"김성현! 나 진짜 못하겠어!"

토요일 푸른솔 학교 봉사 활동시간, 여자 단원 중 한 명이 가방을 싸며 소리쳤다. 나는 얼른 그 단원에게 다가가 우선 밖으로 나가자고 했다. 아직 프로그램이 한창인데 아이들의 시선이 모두 그 단원에게 집중되어 있었다.

"싫어, 지금 갈 거야."

"오 분, 딱 오 분이면 돼. 오 분 뒤에 가방이랑 짐, 내가 다 챙겨줄게. 나가자."

나는 대신 짐을 싸주겠다는 말로 그 친구를 달래 함께 밖으로 나왔다.

우리는 우선 푸른솔 학교 앞에 있는 슈퍼로 갔다. 가서 시원한 음료수를 두 개 사서 나눠 마시며 다시 푸른솔 생활학교 옆에 있는 평상에 앉았다.

"김성현, 나 진짜 못하겠어."

아까 보다는 목소리가 많이 누그러졌지만 많이 힘든 눈치였다. 얘기를 들어보니 역시나 성재 때문이었다.

"자기 손바닥에 침을 뱉더니 자꾸 내 옷에 문지르잖아. 지금 옷에서 성재 침 냄새가 나는 것 같아. 이 냄새 때문에 구역질나."

"그럼, 그럴 수 있지. 이 세상에 더러운 거 좋아하는 사람이 어딨냐."

"아니야, 내가 진짜 못 참겠는 건. 기껏 봉사 활동하러 와서 그런 것 하나 못 받아주고 구역질하고 있는 내 자신이야. 봉사 활동을 시작하기 전에는 내가 착한편이라고 생각했는데, 막상 봉사 활동을 시작해보니 나 못됐어. 속 좁고, 이기적이야. 내가 그런 애라 다른 봉사자들보다 친절하지 못하니까, 성재도 나를 유독 미워하는 거야. 맨날 나만 보면 사탄이라고 하고, 꺼지라고 하잖아."

금방이라도 울 것 같은 표정이었다.
이야기를 들어보니 이 단원은 성재의 나쁜 행동에 화가 난 게 아니라, 그것을 받아 넘기지 못하는 자신에게 실망한 것이었다. 나는 그게 잘 못이 아니라는 걸 얘기해 줘야겠다고 생각했다.
"나는 봉사활동 하다가 초등학생하고 싸운 적도 있어. 쪼그만게 욕까지 하길래 홧김에 떠밀었는데, 내가 한 등치하잖아. 장풍 쏜 것처럼 애가 날아가 버린 거야."
나는 실제로 장풍 쏘는 흉내까지 냈다.
"정말? 너 중학교 때부터 또래 상담사 봉사 했다며. 그럼 말 안 듣는 아이들을 다루는 법을 더 잘 아는 거 아냐?"
"상담사는 사람 아니냐? 나도 열 받을 때 있지."
"그렇구나... 너도 그런 실수 할 때 있구나."
사실, 나는 좀 다혈질인 편이다. 혈액형은 A형이지만 아주 활달하고, 할 말은 꼭 해야 직성이 풀리는 성격이다. 그런 내가 또래상담사 활동을 벌써 4년째 하고 있다는 건, 내가 생각해도 신기한 일이다.

나는 단원에게 그런 내 얘기를 해줬다. 나도 실수 많이 하고, 나한테 기분 나쁘게 하면 기분이 상한다고 하지만 실수를 이유로 포기한 적은 없다고 얘기했다. 내 얘기를 들은 단원은 다행히 금방 마음을 풀어주었다.

나는 원장선생님께 주방 세제를 빌려 그 단원에게 가져다주고, 침으로 범벅된 티셔츠 아랫단을 세탁하고 수업에 들어와 달라고 했다. 단원은 기분 좋게 웃으며 세제를 받아 화장실로 갔다.

교실로 들어온 나는 책상위에 올라가 소리를 지르고 있는 성재를 붙들고 다른 교실로 갔다.

"성재야, 왜 그랬어?"

성재는 대답은 안고 나에게 침을 뱉었다. 그러더니 창문 쪽으로 기어 올라가려고 했다. 나는 성재를 꽉 붙들었다. 성재는 뛰어내려 버릴 거라고 계속 소리를 질렀다. 나는 그럼 절대 못 놔준다고 버텼다. 그랬더니 성재가 내 팔을 물었다. 아팠지만 버티는 수밖에 없었다. 전에도 한 번 창문에서 뛰어내려 진짜 다친 적이 있다는 걸 알고 있기 때문이다. 나는 큰 소리로 원장님을 불렀다.

"이성재! 그만하지 못해!"

원장님이 오셔서 성재의 양손을 꽉 붙드셨다. 나는 팔을 풀고 성재에게서 물러났다. 나한테는 그렇게 사납게 굴땐 언제고 원장님 앞에서는 순한 양이 됐다. 나는 그런 성재에게 조금 약이 올랐다.

'저 녀석 원장님보다 내가 힘이 더 세다 는 걸 모르는 모양인데.'

고작 초등학생 녀석에게 얕보인 것 같아서 속이 상했다.

내가 교실에서 나오는데 아까 나와 얘기한 여자단원이 나를 기다리고 있었다.

"안 다쳤어?"

"봤지, 저 녀석은 강적이야. 나도 별 수 없어."

결국 난, 그날도 성재와의 대화에 실패했다.

벌써 여러 달째 나는 성재와 그런 씨름을 반복하고 있었다. 매주 토요일 푸른솔 학교 수업이 시작되면, 성재는 봉사단원 중 한 명을 골라 집중적으로 괴롭힌다. 손바닥에 침을 잔뜩 뱉어 봉사자의 옷에 문지르기, 수업 시간 내내 소리 지르기, 먹던 간식 집어 던지기. 그 방법도 아주 다양한데, 여자 단원들이 특히 질색을 하는 건 '성재의 침'이었다.

여자 단원 중 절반은 성재의 침 공격을 받고 한 번씩 눈물을 터뜨렸다. 그때마다 그 친구들을 달래고, 마음을 풀어주는 것이 나의 역할이었다. 처음엔 또래 상담사로서 힘들어하는 친구들을 위로해주는 게 내 역할이니 그것에 충실하면 된다고 생각했는데, 점점 그런 생각이 더 들었다. 성재에게 공격을 받은 아이들을 그때마다 위로하는 것보다, 성재가 공격하는 걸 막는 게 낫지 않을까?

그날부터 나는 성재와 대화를 시도 했다. 그러나 매번 오늘처럼 실패했다. 그것도 벌써 4개월째였다.

내가 또래 상담사에 대해 알게 된 건, 중학교 2학년 3학년 때다. 그때 난 부평구청 소속의 청소년운영위원회 활동을 하고 있었다. 청소년운영위원이 되어 주로 했던 활동은 부평지역 청소년들의 입장을 의회에 전달하는 일이었다. 나는 그 일을 잘 하기 위해 '또래 상담사' 수업을 들었다. 또래들의 마음을 잘 알아야, 정확하게 대변할 수 있다고 생각했기 때문이다. 매달 수업에 참여하며, 내가 상담한 사례들을 상담사님께 말씀드리고 조언을 받는 과정을 꾸준히 거쳤다.

본격적으로 또래 상담사로 활동하면서 많은 친구들을 만났다. 성적 때문에 고민하는 친구, 따돌림 때문에 고민하는 친구, 심지어 자살 고민을 하는 친구와도 상담을 해봤다. 라온누리 활동을 시작하고 나서는 누나와 형들의 고민까지 상담해주게 되었고 다행히 도움이 되었다는 얘기를 주로 들었다. 그런데! 성재 이 녀석과는 계속 소통불가였다. 답답했다. 아까 단원에게는 얘기하지 않았지만, 라온누리 단원 중 누구보다 내가 성재 때문에 속상한 상태였다.

나의 집인 원룸으로 돌아온 나는 '월례상담발표사례' 노트를 찾았다. '월례상담발표사례'는 처음 또래 상담사를 시작할 때부터 만든 노트인데, 그동안 진행한 상담 내용과 그 상담에 대한 전문가 선생님의 피

드백이 적혀있는 노트이다.

"도대체 어디로 간 거야!"

노트가 보이지 않았다. 답답해진 내가 소리를 치자 바로 벽치는 소리가 난다. 옆방에서 조용히 하라고 신호를 보낸 것이다. 여기서 지낸 지 꽤 됐는데, 여기가 원룸이라는 것을 자꾸 잊어 버린다. 갑자기 기분이 우울해졌다. 최대한 소리를 내지 않고 조심조심 치우던 난 갑갑한 마음을 이기지 못하고 밖으로 나와 버렸다.

막상 밖에 나왔는데 갈 곳이 떠오르지 않았다. 시골에 계신 부모님께 전화를 해 볼까 했는데, 특별한 일도 없는데 괜히 전화하면 무슨 일이 있나 걱정하실 것 같아서 그만 두기로 했다. 나는 외롭다는 말을 싫어하는데, 이런 날은 솔직히 외롭다.

내가 고1때 중2때 부모님께서 하시던 사업을 정리하시고 시골로 내려가셨다. 새로운 일을 찾으셨는데 양계업이라 서울에서는 할 수 없는 일이었다. 부모님은 내가 인천에서 계속 공부를 하기를 원하셨고, 나도 어렵게 외고에 들어왔다는 생각이 있어서 3년만 참아보자는 생각을 했다. 그래서 부모님만 내려가시고 난 이모님 댁에서 살았다.

하지만 1년 뒤 이모부님이 수원발령을 받게 되어 떠나셨고, 나만 혼자 인천에 남게 되었다. 나는 다른 일에는 적응을 빨리 하는 편인데, 혼자 사는 거에는 적응이 잘 되지 않는다. 훨씬 어렸을 땐 식구들이 많았다. 어머니, 아버지, 할머니, 할아버지, 이모, 삼촌 다

같이 살았다. 그래서 늘 북적이는 분위기에 익숙했다. 특히 삼촌은 집에 있는 시간이 많아서 늘 나와 놀아주셨다. 나는 그런 삼촌이 정말 좋았다. 그러다 조금 자라고 나서 우리 삼촌이 다른 삼촌들하고 조금 다르다는 것을 알게 되었다. 삼촌은 다운 증후군을 갖고 있었다. 그래서 집에 있는 시간이 많은 거였다. 내가 중학생이 되고 바빠져 시간을 못 보내게 되자 참 많이 서운해 하셨다. 학교 가는 나에게 쓸쓸하게 손을 흔들어 주는 삼촌의 모습을 떠올리면 지금도 참 미안하다.

이런 저런 생각을 하며 걷다보니 어느새 준혁이네 아파트 앞까지 왔다.

나는 더 이상 혼자 있지 않는게 좋겠다고 생각했다. 마음이 답답할 땐 누구하고라도 얘기하는 게 상책이다. 상담공부가 좋은 점, 가끔 이렇게 써먹을 수 있다는 점이다.

나는 준혁이에게 전화를 걸었다.

"준혁아 난데, 지금 너 네 아파트 놀이터야."

다행이 준혁이가 집에 있었다. 놀이터 벤치에 앉아서 준혁이를 기다렸다.

"들어가서 저녁 먹을래?"

나는 생각이 없다고 말했다. 그러자 준혁이가 한 숨을 푹 쉬더니 사실은 자기도 저녁 먹을 기분이 아니라고 말했다. 표정을 보니 무슨 일이 있는 것 같았다.

"고민이 생겼으면 말을 해야지, 왜 그냥 있냐?"

"맨날 상담해주는 게 미안해서 그러지."

"아니야, 얘기해봐. 대신 시시한 고민이면, 아이스크림 사라."

준혁이의 고민은 역시나 라온누리였다.

우리는 매주 토요일 하루 푸른솔 학교로 봉사를 가지만, 거기에 있는 아이들은 월요일부터 금요일까지 방과 후 시간을 매일 푸른솔 학교에서 보낸다.

집이나 학교보다 많은 시간을 푸른솔에서 보내는 것이다. 그러다 보니 토요일까지 오는 것을 지루해하는 친구들이 많다. 그런 친구들의 마음을 조금이나마 해소해 주기위해 토요일 프로그램은 되도록 재미있고, 활동적인 순서로 진행하기 위해 모두 애썼다.

그런데 그런 노력에도 불구하고 요즘 들어 아이들이 부쩍 짜증을 많이 냈다. 우리중 누구보다 푸른솔 아이들을 잘 아는 준혁이가 그걸 못 느꼈을 리 없다.

진지하게 고민을 얘기하는 준혁이의 얼굴을 보니, 라온누리를 처음 시작 할 때가 떠올랐다.

라온누리 봉사단에는 선생님이 안 계신다. 순수 청소년 자치단체라서 재정도, 운영도 모두 우리 힘으로 한다. 그래서 시행착오

도 많고 갈등도 많다. 하지만 일을 잘 해냈을 때 성취감은 정말 대단하다. 나는 모두 끝까지 그 성취감을 느낄 수 있도록 중간에 힘들어하는 단원들을 격려하는 역할에 큰 보람을 느꼈다.

진지하게 고민을 얘기하는 준혁이의 얼굴을 보니 힘이 났다. 우리는 저녁도 굶은 채 두 시간 동안 이야기를 나눴다. 이야기를 나누는 동안 준혁이는 주말 프로그램에 대한 아이디어를 떠올렸다. 이제 봄이 되니 좀 힘들더라도 푸른솔 학교 아이들을 데리고 견학 행사를 해보자는 의견이었다.

아주 좋은 생각이었다. 사실 그동안 봉사단원들을 상담하며 느낀 건 반복 되는 토요일 프로그램에 봉사자들도 지쳐가고 있다는 거였다. 아이들과 봉사단원 모두에게 활력이 될 수 있을 것 같았다. 그런 좋은 점이 있다면 준비에 대한 부담감이 있더라도 도전해 볼 만할 일이라고 내 의견을 이야기했다.

준혁이가 활짝 웃었다. 당장 가서 계획표를 만들어야겠다고 말했다. 그리고 나에게 레크레이션을 맡아 줄 수 있겠냐고 물었다. 나도 가서 준비해보겠다고 했다. 우리는 이번 주 정기 모임 때 구체적인 이야기를 하기로 하고 헤어졌다.

   집으로 돌아오는 길, 시원한 바람이 불었다. 가슴이 뻥 뚫린 기분이었다. 어두웠던 준혁이의 얼굴이 밝아지는 걸 보는 동안, 내 마음을 무겁게 누르던 걱정들도 다 먼지가 된 것 같은 기분이었다. 상담을 하면서 느끼게 되는 많은 느낌 중 이것이 가장 신기하고 놀랍다. 누군가 마음의 짐을 더는 걸 돕는 순간, 내 마음에도 긍정적인 힘이 생긴다.
   그래! 아주 재미있는 프로그램을 짜자, 그러면 성재도 즐거워하겠지? 많이 웃고 기분이 좋을 때 다시 대화를 시도해 보자! 나는 이번 기회에 성재와 친구가 되어야겠다고 결심했다.

문화/역사탐방

   푸른솔 친구들과 문화탐방을 가기 전날, 나는 좁은 방안에서 혼자 끙끙대며 인터넷 검색을 하고 있었다.
   이러한 우리들의 노력과 열정으로 라온누리는 푸른솔 아이들과 함께 하는 동아리수업 '미래의 멘토를 만나보는 거야' 프로그램으로 나는 삼성꿈장학기금에서 약 400만원의 기금을 지원받게 되었다.
   첫 수업으로 역사 사회 레크레이션을 담당하여 기쁨이 컸다.

헤이리 마을, 행주산성, 서대문 형무소를 하루에 도는 일정이었다. 이동 시간이 많아서 차안에서 할 게임이 특히 많이 필요할 것 같았다. 그런데 아직 한 가지도 정해 놓지 못했다.

먼저 나서서 재미있는 이야기를 하고, 분위기를 좋게 만드는 걸 워낙 좋아해서 그냥 하던대로 하면 되겠지 생각했는데, 찾아보니 프로그램 종류도 많고 준비물도 많았다.

특히, 각각 레크레이션 마다 협동, 소통등 주제를 갖고 있어서 우리의 상황에 딱 맞는 레크레이션을 찾고 싶다는 욕심이 났다. 이왕이면 힐링 효과도 있고, 유쾌하면서, 아이들의 수준에 딱 맞는 레크레이션을 찾고 싶었다. 그래서 며칠 전엔 도서관에도 갔었고, 상담멘토 선생님께도 여쭤 봤는데 딱! 이거다 싶은 것이 없었다.

문화탐방을 가는 인원들의 명단을 뚫어져라 보며, 아이들 얼굴을 떠올렸다. 누구는 노래를 좋아하고, 누구는 조용한 걸 좋아하고, 누구는 먹는 걸 좋아하고... 노래 제목 맞추기를 할까? 그럼.. 조용한 성격인 친구들은 잘 참여하지 못 할 텐데, 그럼 과자먹기 시합을 할까? 보나마나 남자 아이들이 유리 할 거야. 머리게 쥐가 날 지경이었다. 그래도 포기 할 수 없다. 다시 한 번 눈에 힘을 모으고 명단을 확인하는데, 이번에는 제법 많은 봉사자들이 간다는 게 눈에 들어왔다.

'와아~ 야외로 간다니까 지난주까지 안 보이던 단원도 가네? 역시 단원들도 많이 지쳐있었던 모양이야.'

정말 좋은 시간이 되게 해야겠다는 결심이 들었다. 단원들이 많이 가니까, 1대1로 짝을 지어서 할 수 있는 게임도 좋겠다는 생각이 들었다.

　1대1로 친목을 도모할 수 있는 게임을 찾던 나는 '내 짝꿍을 소개 합니다.'라는 게임을 찾아냈다. 1대1로 짝을 지은 후 대화의 시간을 가진 다음, 자기 짝꿍에 대해 소개하는 게임이었다. 차안에서 하기에도 무리없고, 그동안 새로운 들어온 학생들도 있고 단원들도 있으니 모두에게 도움이 되는 게임이 될 것 같았다.

　나는 단원들의 이름을 적은 쪽지를와 구멍이 뚫린 상자를 만들었다. 내일 오자마자 학생들이 이 상자에서 쪽지를 뽑을 거고, 그럼 그 단원과 짝꿍이 되는 것이다. 나는 내일 성재가 나를 뽑았으면 좋겠다고 생각했다.

　드디어 토요일 아침, 아이들도 봉사자들도 들떠 있었다. 학생 중 몇 명은 행여 지각이라도 할 까봐 아예 푸른솔 학교에서 잤다고 했다. 버스에 오르기 전 아이들에게 쪽지를 뽑게 했다. 그리고 봉사자들이 차례로 차에 타 자신의 이름을 들고 있는 학생 옆에 가서 앉았다. 안타깝게도 난 다른 친구와 짝이 되었다.

　5분간 서로에 대해 이야기할 시간을 주었다.

　그리고 각자의 짝꿍을 소개하는 시간을 가졌다.

　"내 짝꿍은 성현이 형입니다. 형은 말이 많습니다. 안 들어도 얘기합니다. 잔소리가 지겨울 때도 있는데, 어쩌다 재미있을 땐 많이 재미있습니다. 나는 형이 학교에 오래 나왔으면 좋겠습니다."

내 짝꿍은 나를 이렇게 소개했다. 말이 많다는 얘기가 나오니 아이들, 단원들 모두 깔깔 거리고 웃었다. 내 딴에는 늘 유쾌한 분위기를 만들려고 농담도 하고 한 건데, 그 깊은 뜻을 모르다니! 라고 소리를 치고 싶었지만, 오늘은 즐거운 날이니 참기로 했다. 순서대로 돌아가며 소개를 하니 분위기가 더 좋아졌다. 아무래도 공개적으로 얘기하는 자리니 칭찬을 위주로 말하게 되었고, 그동안 쑥스러워서 못했던 좋은 말들을 하게 된 듯 했다.

두 번째 게임은 물건 돌리기였다.

좌석 오른편과, 왼편에 각각 다른 물건을 주고 맨앞에서 뒤로 전달하는 게임인데, 자리에서 일어나면 안 되고 중간에 물건을 떨어뜨리면 맨 앞으로 보내 다시 시작해야 한다는 규칙이 있었다. 오른편 팀엔 물병을, 왼편 팀에는 스카프를 줬다.

게임이 시작됐다. 그런데 문제가 생겼다. 아이들 중 몇 명이 물건을 자꾸 뒤로 던졌다. 규칙을 이해하지 못한 것 같아서 다시 설명하고 시작했는데, 급한 마음에 뒤로 던졌다. 그러다 뒤쪽에 아이가 물병에 맞는 일이 일어났다. 나는 스카프팀이 이긴 것으로 하고, 게임을 끝냈다. 나는 반칙을 한 아이에게 벌을 주어야겠다고 생각했다. 하지만 버스 안에서 벌을 줄 수 없고, 아직 남아있는 프로그램이 많으니 그런 걸로 분위기를 망치면 안될 것 같았다. 그래서 생각해 낸 것이 이긴 팀에만 과자 간식을 주는 것이었다.

간식 박스를 열어 스카프 팀에만 과자를 나눠 주었다. 물병을 던진 아이는 같은 팀 아이들에게 눈총을 받게 됐다. 물병을 던진 녀석은 끝까지 사과하지 않고 뾰로통한 표정으로 창 밖만 봤다. 조금 심한 거 아닌가 하는 생각이 들었지만, 이런 경험을 해야 다음에 안 그러겠지라는 생각이 들었다.

그런데... 놀라운 일이 일어났다.

스카프팀의 한 아이가 옆자리 물병팀에게 과자를 나누어준 것이다. 그 아이 한 명이 그렇게 하자 나머지 아이들도 자기 옆자리에 있는 친구에게 과자를 나누어 주었다. 물병을 던진 아이에게도 과자가 돌아갔다. 잘못을 해 놓고도 잔뜩 화난 표정이더니 과자를 받자마자 미안해 어쩔 줄 모르는 표정으로 변했다. 그 모습을 보는데, 순간 너무 부끄러웠다. 오늘 레크레이션의 주제를 이해와 소통으로 잡아놓고, 정작 나는 그 아이의 마음을 이해하지도 못했고, 소통하려고 노력하지도 않았다. 틀렸다고 판단하고 바로 벌만 줬다. 그런데 옆 팀 친구들은 그 아이를 용서하고, 포용했다. 그 모습을 보며 '포용' 보다 좋은 소통은 없다는 걸 새삼 깨닫게 되었다.

즐겁게 게임을 하는 동안 헤이리 문화마을에 도착했다. 제일 먼저 차에서 내려 보니 입구에 불이 꺼져있었다. 혹시 문을 닫은 건가 걱정됐다. 다행이 그런건 아니고 우리가 너무 일찍와 아직 몇 군데 개장을 하지 않은 상태였다.

　헤이리 마을에서도 짝꿍 단위로 게임이 진행됐다. 약간의 활동비를 나눠주고, 두가지 미션을 주었다. 첫 번째 미션은 못난이 삼형제가 되어 사진을 찍는 것. 두 번째 미션은 장난감 박물관에 있는 슈렉과 손을 잡아 친구가 되어 는 것 이었다. 아이들은 신이나 흩어졌다.

　나도 짝꿍과 함께 장난감 박물관을 향해 갔다. 그런데 아뿔사... 생각보다 헤이리가 너무 컸다. 지도를 보고 위치를 알고 있던 나도 한참 걸려 찾아갈 만큼 찾기가 어려웠다. 거기다 막상 가보니 내가 검색한 자료가 예전 것이었는지, 내가 알아 본 것보다 가격이 훨씬 비쌌다. 유료였다. 인터넷으로만 자료를 찾을 게 아니라 미리 와봤어야 한다는 후회가 들었다. 그러나 이미 늦었다. 뿔뿔이 흩어진 아이들에게 이 사실을 어떻게 전달해야 하나 막막했다. 오는 아이들마다 찾아오느라 고생을 할 거고, 와도 돈이 모자라니 들어가지 못할 텐데 그 실망감을 생각하니 아찔했다.
　부끄러운 얘기만 난 달리기가 느리다.
　느릴 뿐만 아니라 싫어한다. 성격이 느긋한 편이라 평소에도 뛰는 걸 잘 안하는데 그날은 정말 죽기 살기로 뛰었다. 온 헤이리를 뛰어 다니며 만나는 아이들에게 '장난감 박물관 미션은 취소' 라고 외치고 다녔다. 그러다 중간에 쫀듸기를 파는 곳을 발견했고 내 돈을 모두 털어 쫀듸기를 샀다. 그 쫀듸기를 들고 다니며 만나는 애들에게 나눠줬다. 장난감 박물관에 가지 못해 실망한 마음을 그렇게라도 달래주고 싶어서였다.

헤이리에서의 오전 일정이 그렇게 끝났다. 버스에 오르는 나는 두근거리는 마음으로 오늘 어땠는지를 물었다. 다행히 아이들은 아주 즐거웠다고 대답해주었다. 나는 정보가 부족해 장난감 박물관에 못가게 됐고, 미안하다고 사과했다. 아이들은 활짝 웃으며 괜찮다고 얘기해 주었다. 아... 정말 그 순간만큼만 말을 잘 들어준다면 푸른솔 학교에서 저 아이들과 살아도 좋겠다는 생각까지 들었다. 아이들에 대해 새삼 애정이 샘솟는 것 같았다. 아이들도 우리 단원들에게 그런 마음을 느껴 주는 것 같았다.

다음 장소인 행주산성으로 이동해 가는 동안 버스 안에서 돈가스 도시락을 먹었다. 다들 피곤했는지 도시락을 먹자마자 잠에 빠졌다. 행주산성을 가는 동안 할 간단한 게임을 준비했는데, 다들 잠들어 버린 것이다. 아쉬웠지만 그 게임은 다음에 하기로 하고 핸드폰으로 인터넷을 검색해 행주산성까지 가는 동안 창밖에 재미있는 풍경이나 볼거리가 있는지 검색했다. 어렵게 얻은 기회이니 조금이라도 더 알차게 보내게 해주고 싶었다.

인터넷으로 오늘 갈 행주산성에 대해 검색하다 아이들을 쭉 둘러보는데 성재와 눈이 마주쳤다. 나는 성재에게 다가가서 재미있냐고 물었다. 그러자 성재가 인상을 팍 쓰면서 말했다.

"어쩌다 빨간날인데 왜 여기까지 끌고와서 고생을 시켜!"

정말 맥이 탁 풀렸다. 나도 피곤한데 좀 더 재미있게 해주려고 이렇게 검색을 하는데 끝까지 저렇게 나오니 참 속상했다. 나는 더 말을 걸지 않고 내 자리로 돌아왔다. 그리고 그 후 일정들을 하는데 이상하게 기운이 빠졌다. 행주산성에 도착해 정상까지 올라가 모처럼 단체 사진까지 찍었는데도 계속 울적한 기분이었다.

마지막 장소 서대문 형무소에 도착했다.

내가 가이드가 되어 아이들을 인솔하며, 진짜 가이드처럼 설명을 했다. 나름 야심차게 준비한 계획이라 자료도 많이 가져갔고, 아이들의 반응도 좋았는데, 정작 내 기분은 그냥 그랬다. 우리 일행이 아닌 아이들 몇몇이 우리를 따라다니며 내 설명을 들을 만큼 분위기가 좋았는데도 소용이 없었다. 다른 때 같으면 내가 이 정도라고 농담도 했을 텐데, 그러기가 싫었다.

모든 일정을 마치고, 저녁시간 우리는 서울의 전통음식인 설렁탕을 먹기로 했다.

설렁탕을 메뉴로 정한 것도 나고, 설렁탕에 대한 자료도 준비했는데 그냥 생략했다. 그냥 밥만 푹푹 떠먹고 있는데, 성재가 내 쪽으로 왔다. 나는 일부러 내 앞에 앉아 있는 성재를 모른척하고 계속 밥을 먹었다. 그런데 성재가 아주 작게 이렇게 말했다.

"결국엔, 재밌네."

그 말을 한 성재는 내 국그릇에 깍두기 국물을 붓고 저쪽으로 가

버렸다. 나는 아무말도 안하고 밥을 계속 떠먹었다. 한참 그렇게 국물만 떠먹었다. 고개를 들면 눈물이 흐를 것 같았다. 약이 올라서 그런 것 같기도 하고, 좋아서 그런 것 같기도 하고 기분이 뒤죽박죽이었다. 어쨌든 난 그날 식초를 탄 것 같이 시큼해진 설렁탕을 계속 떠먹었다. 분명 맛은 되게 없어졌는데, 그런 짓을 한 성재가 밉지 않았다. 결국 난 아무 불평 없이 설렁탕을 끝까지 다 먹었다.

소통

역사탐방을 다녀 온 후, 나는 성재와 대화 할 수 있는 방법을 좀 더 적극적으로 찾아야겠다고 결심했다. 아동심리에 대해 잘 알고 계신 분께 도움을 청해야겠다고 생각했다. 그런데 신기한 건 역사 탐방이 후 나와 같은 생각을 하는 단원들이 많아졌다는 것이다. 좀 더 공부하고 싶어 했다. 봉사자들도 나처럼 봉사와 아이들에 대해 더 알아서 더 잘하고 싶은 마음들이 생겼다고 했다.

나는 청소년위원회로 활동할 때 교육을 진행해 주셨던 부평구청 봉사관계자 분을 떠올렸다. 그리고 곧장 그분께 찾아가 우리 단원들이 들을 만한 교육 프로그램이 있는지 여쭤봤다. 담당자님은 봉사교육과 관련된 면담프로그램이 있다고 말씀해 주셨고, 언제들 들을 수 있다는 답을 주셨다. 그 기회를 통해 많은 단원들이 전문 봉사 교육을 받게 되었고, 좀 더 효과적으로 활동을 할 수 있게 되었다.

그 교육을 마치고, 나는 추가로 아동상담, 아동심리에 대해 정보를 모았다. 우선 들을 수 있는 동영상 강좌 등을 듣고, 세미나도 찾아 다녔다. 그런데 공부를 하면 할수록 더 궁금했다. 유년기가 얼마나 중요한지, 그 시간에 만나는 사람들이 그 아이의 인생에 얼마나 많은 영향을 끼치는지 알게 되었고, 더 큰 책임감을 가져야 한다는 것을 배우게 되었다.

그런 내용을 깨달은 나는 '멘토'라는 것에 주목하게 됐다. 같은 취미를 가진 친구끼리 빨리 친해진다. 공통 주제가 있고, 공감대가 형성되기 때문이다. 나는 이것을 봉사자들과 아이들 사이에 가져 오면 어떨까 하는 생각을 갖게 됐다. 만들기를 좋아하는 사람들은 만들기를 하면서 시간을 보내고, 요리를 좋아하는 사람들은 요리를 하며 시간을 보내게 하는 것이다. 그러면 자연스럽게 협동도 하고, 공감대도 형성 할 수 있을거라는 생각이 들었다.

그런데 생각해보니, 막상 내가 멘토 역할을 할 만한 재주를 갖고 있지 않았다. 내가 잘하는 건 상담인데, 초등학생 아이들을 앉혀 놓고 상담을 가르쳐 줄 순 없었다. 그걸 좋아할 아이들이 있지도 않을 것 같았다. 그래서 고민 끝에 차라리 새로운 재능 하나를 개발해, 그것을 토대로 아이들과 소통해보자는 생각을 하게 됐다.

나는 평소 관심이 있던 가구 공예를 배우기로 했다. 성재가 미술 시간을 좋아하니 성재도 좋아할 것 같았다. 단기간에 배우는 재주라 아주 뛰어나진 않겠지만, 내가 가구 공예를 배우려는 건 아이들에게 재주를 가르쳐주려는 게 아니라 대화를 할 기회를 만들기 위한 것이니 괜찮을 것 같았다. 그래도 틈이 나는 대로 열심히 수업에 참여하며 성재와 가구를 만들어 볼 날을 기대하게 됐다.

그렇게 시작 된 '재능개발, 기부' 프로그램은 라온누리 전체의 프로그램이 되었다. 많은 단원들이 동참하게 되었다. 봉사는 내 걸 나누어 주는 것이라고 생각했던 친구들이 몇 있었는데, 봉사를 하면서 재능도 개발하니 너무 좋다고 얘기해 주었다. 나는 이 프로그램을 좀 더 효과적으로 할 수 있는 시스템을 고민하게 되었다.

평소 많은 사람들과 소통하는 것을 좋아해 sns와 인터넷을 잘 활용하는 편인데, 그런 도구를 활용하면 아주 효과적인 시스템을 만들 수 있을 것 같았다. 나는 이 프로젝트의 이름을 'sns을 통한 재능반영과 청소년 봉사'로 정했다.

준혁이가 고1때 교내 PRP '핫이슈를 통해 본 sns의 영향력' 팀장으로 교내 2위를 했고, 2학년 때는 '바람직한 청소년문화의 청사진'으로 3위를, 나는 '주5일제로 인한 바람직한 청소년문화로 3위를 하는 등... 둘 다 사회복지학과를 희망해서인지 고민하는 바가 같았다. 그래서 협력하여 준혁, 지은, 경노가 한 팀이 되어 'sns를 통한 재능반영과 청소년 봉사'로 보고서를 썼다.

누구나 볼 수 있는 공개 sns에 필요한 재능과 봉사 일시를 올리고 참여 할 사람을 실시간으로 모으고, 인원수가 차면 신청자들에게 자동으로 연락이 가는 시스템을 구상하게 되었고, 개발을 진행하고 있다. 완성되면 라온누리 홈피에도 연계해 활용을 할 계획까지 세웠다.

모두 느끼는 거지만, 나는 이게 봉사활동의 힘인 것 같다.

누군가를 도우려면 솔직히 힘이 남아야 한다. 즉 내가 건강해야 한다. 거꾸로 얘기하면 누군가를 돕기 위해서라도 스스로 자꾸 건강해 진다는 사실이다. 처음엔 성재를 돕고 싶었다. 그래서 방법을 찾다가 아동복지청소년 상담에 대해 알게 되었고, 자연스럽게 아동복지사 청소년 상담사가 되고 싶다는 꿈을 갖게 됐다. 뿐만 아니라 성재와 친해질 방법을 찾다가 가구 공예를 배우게 되었고, 지금은 가구 공예자체가 좋은 취미가 되었다. 거기서 또 나아가서 재능기부라는 아이디어를 얻게 되었다. 그리고 파워틴스팀은 그걸 원활하게 도울 수 있는 sns를 활용한 실시간 봉사 시스템 개발하여 진행하게 되었다.

그리고 또 하나 하고 싶은 것은 감정카드를 만드는 것이다.

감정카드는 자기의 감정을 표현하는 걸 어려워하는 사람을 위한 심리도구인데, 카드 한 장마다 기쁨, 슬픔, 분노를 표현하는 얼굴 그림이 있다. 자신의 감정을 말로 표현하기 힘들어하는 내담자에게 카드를 주고 지금 현재의 감정을 고르라고 하는 방식으로 활용되는 카드이다.

나는 이 카드를 솔리언 또래 상담사로 일할 때 지급 받았고, 그 뒤 4년 동안 상담에 활용했다. 그런데 쓸 때마다 아쉬운 점들이 자꾸 보였다.

우선 완성도였다. 내가 지급 받은 카드는 인터넷에서 다운 받은 그림을 4센티미터의 정사각형 흰 종이에 붙인 다음 코팅한 것이다. 솔직히 썩 좋아 보이지는 않는다 그러다보니 신뢰감도 적게 주는 것 같았다.

두 번째는 디자인이었다. 카드에는 백인, 흑인, 남녀노소 등 다양한 연령대의 얼굴이 그려져 있다. 그리고 총 36장이나 되어서 아동들에게 활용하기엔 너무 어려운 느낌이다.

나는 이 도구를 푸른솔 학교 아동들의 눈 높이게 맞게 다시 만들어 보고 싶다는 생각을 하게 됐다. 성재는 낯을 많이 가리는 아이니까 친근한 사람들의 얼굴로 그려 놓으면 더 편안해 할 것 같다. 그러다 이중에서 누가 제일 좋냐는 질문도 할 수 있으니 아주 재미있을 것 같다는 생각이 들었다.

늘 그런 생각을 갖고 있었는데 재능기부를 위해 목공수업을 하던 중 아이디어가 떠올랐다.

"나무로 만들어 보자!"

수업을 마친 나는 라온누리 파워팀 멤버들에게 도움을 청했다.

"전에 말했던 감정카드 있잖아. 그걸 나무로 만들어 보면 어떨까? 만지는 촉감도 좋고, 오늘 채색 수업 때 보니까 색깔 표현도 잘 되는 것 같아!"

내말을 들은 준혁, 경노등의 파워틴스 친구들이 좋은 생각이라며 당장 만들어 보자고 했다.

다양한 의견들이 나왔다. 우리는 아이디어들을 실현해 보며 계속 되는 시행착오를 거쳤다. 처음엔 정서적인 부분을 고려해 원형으로 디자인 했다. 그림은 우선 인터넷에서 생각하는 느낌과 비슷한 것들을 선택해 목공선생님께 그려달라고 부탁했다.

드디어 샘플이 나왔다. 나는 당장 푸른솔 학교로 달려가 아이들에게 보여줬다. 그런데 생각보다 반응이 좋지 않았다. 우선 원형이다 보니 잘 굴러갔다. 아이들은 그림에 집중하는 대신 굴리기 놀이를 하느라 산만해졌다. 그림도 문제였다 몇 개는 인터넷에서 퍼온 걸 그대도 그렸고, 몇 개는 새로 그린 거라 어떤 그림은 원색, 어떤 그림은 파스텔로 톤이 일정하지 않았다. 내가 봐도 산만하고 들쭉날쭉한 느낌이었다. 결국 실패를 인정 할 수밖에 없었다.

원형 카드를 놓고 다시 아이디어 회의를 했다.

그리고 세 가지 원칙을 정했다.

1. 욕심을 버리고 가장 익숙하고 일반적인 디자인으로 만들 것
2. 32가지를 다 만들려고 하지 말고 주요감정 몇 개를 우선 만들 것
3. 표정은 물론 상황을 표현해 쉽게 만들 것

그림은 청솔이가 그려보기로 했다. 푸른솔 친구들을 나만큼 잘 알고, 같은 십대니까 내가 생각하는 표정이나 감정을 잘 이해 할 수 있을 거라는 의견이 모아졌기 때문이다.

하지만 새로운 디자인을 한다는 것은 결코 쉬운 일이 아니었다. 청솔이는 '슬픔'을 표현했는데 보는 사람마다 '찡그린 표정', '화난표정'으로 다르게 보는 경우가 생겼다. 우리 다섯 중, 적어도 셋

은 같은 느낌을 받을 수 있게 그림을 고치자는 기준을 하나 더 세웠다.

그런 과정에서 청솔이는 그림을 계속 그리고, 지워야 했다. 그런데도 불평 한 마디 없이 도움을 줬다. 평소에도 싫으면 즉시 싫다고 말하는 청솔인데 이번만큼은 진짜 귀찮을 만한데도 잘 참는 것 같아서 물어보니 '푸른솔 애들한테 정말 필요한 도구인 것 같아. 잘해, 김성현'이라고 대답했다.

그 말을 듣는데 이상하게 눈물이 핑 돌았다. 용기를 내라는 격려해 준 것도 아닌데 막 힘이 났다. 그 순간 뭔지 모르게 청솔이의 진심이 느껴진 것 같다.

마침내 카드가 완성됐다. 우리 또래들이 가장 많이 느끼는 다섯 가지 감정이 카드에 실감나게 담겨 있었다.

1. 기쁘다
2. 지루하다
3. 짜증난다
4. 답답하다
5. 불안하다

막 나온 샘플카드를 본 우리들은 환호성을 질렀다. 푸른솔 아이들에게 보여주기 전이었지만, 이번만큼은 제대로 됐다는 확신이 왔다. 그리고 정말 아이들의 반응도 좋았다.

그림의 통일성도 있었고 표정이 아니라 상황으로 표현했기 때문에 파워틴스팀은 물론 아이들의 공감을 얻을 수 있었다. 우리는 우선 완성된 도구를 사용하면서 개선점과 느낀 점을 기록하는 모니터 기간을 갖기로 했다. 그리고 3개월에 한 번씩 감정들을 늘려가는 작업을 하기로 했다.

32개의 감정들을 완성 할 때까지 얼마의 시간이 걸릴지 알 수 없지만, 반드시 꼭 완성하기로 모두 약속했다. 우리들 힘으로 만든 우리들의 감정카드가 완성되는 날을 생각하면 벌서부터 가슴이 뛴다. 모든 시작은 그냥 하나 '성재와 친해지고 싶다, 도움을 주고 싶다'였다. 그런데 나에게 이미 이만큼 큰 도움이 되었고 힘이 된 것이다.

예전에 중학교 3학년 때 봉사 활동 때문에 부모님과 크게 다툰 적이 있다.

청소년 위원회를 할 때였는데, 부평구에 청소년 문화공간 실태를 조사회 의회에 보고하는 일을 해야 했다. 어느 일요일 나는 아침 일찍 부평 문화의 거리로 나갔다. 거리를 오가는 내 또래 친구들에게 이 거리에 청소년이 놀만한 공간이 있는지, 없다면 어떤 공간을 원하는지 물었다. 처음에는 언제 봤다고 이런 걸 묻냐는 투지만 곧 자신들의 속마음을 말해줬고, 하나같이 똑같은 불편을 느끼고 있었다.

이름은 문화의 거리인데 문화를 느끼거나, 문화로 놀 공간이 없다는 것이다. 대부분 비싼 메이커 옷가게고, 술집, 당구장뿐이라 갈 곳이 없다고 했다. 그러다니 그냥 길에서 어슬렁거리게 되고, 골목을 잘 못 들어가면 담배피고 돈을 뺏는 불량 청소년들과 마주치게 된 다고 했다. 나는 우리들 지갑 사정에 맞는 저가 보세 가게들이 생기고, 청소년 전용카페가 생겼으면 좋겠다는 아이디어를 즉석에서 적어 넣었다.

그렇게 조사를 하다보니 밤10시가 훌쩍 넘었다. 나는 뿌듯한 마음과 피곤한 몸으로 집에 도착했다. 그런데 엄마가 날 보자마자 바로 혼을 내셨다.

"김성현! 지금까지 어딜 돌아다니다 온거야?"

난 자랑스럽게 '봉사하고 왔는데요!'라고 말했다. 그렇게 말하면 칭찬을 받을 줄 알았는데, 공부는 안하고 왜 그런 쓸데없는 짓을 하고 돌아다니냐고 하셨다. 쓸데없다는 말에 나도 모르게 흥분을 했다. 그래서 나도 모르게 큰 소리를 지르며 말했다. "어른들은 어른들한테 필요한 것만 생각하잖아요. 그러니까 우리를 위한 건 아무것도 없지. 청소년을 위한 건 청소년이 만들어야 해요. 나는 그 역할을 하려고 하는 거에요! 어른들 멋대로 만드는 건 진짜 청소년을 위한 것이 아니에요!"라고 말했다. 그 소리에 아버지께서 나오셨다. 아버지는 버릇없이 어디서 소리를 지르냐고 혼내시면서 맨손으로 나를 때리셨다. 아버지께 맞은 건 그때가 처음이자

마지막이었다. 나는 억울하기도 하고, 놀라기도 해서 많이 울었다.

　지금은 그렇게 나의 의사를 표현하지 않지만, 그런 생각에는 변함이 없다. 나는 누군가의 마음을 읽어주고, 그들이 스스로 목소리를 내도록 도와주고 싶다. 내 상처는 내가 직접 말할 때 정확히 전달된다. 어디가 아픈지 말할 수 있다면, 이미 치료가 시작된 거라고 생각한다. 그래서 특히 마음에 상처를 받아 자신의 의사표현을 제대로 못하는 아동들을 위해 일하고 싶다. 우리는 작년부터 푸른 솔의 아이들에게 일대일로 편지를 써주는 키다리아저씨 프로그램을 하고 있는 것처럼 그 아이들에게 지속적으로 멘토가 되어줄 대상을 찾고 그 대상과 연결해 주는 시스템도 개발하고 싶다.

　전에 한 번 갈등을 겪긴 했지만, 이젠 부모님도 내 봉사활동을 지지해 주신다. 내가 혼자 지내게 된 이후 봉사 활동을 통해 외로움을 극복하고, 꿈까지 찾게 되는 과정을 보신후론 특히 더 그렇다. 나는 앞으로도 쭉 라온누리 활동을 할 것이다. 내가 진짜 아동복지사가 된 후에도 계속 이 모임을 할 것이다. 그리고 그때쯤엔 성재와 재미있는 수다도 떨 수 있을 거라고 믿는다.

3

성지은 | 부광여자고등학교 3학년

프로그램명을 "키다리 아저씨"로 정했다

갑자기 눈물이 났다. 정말 거짓말처럼 감동적이다, 눈물이 날 것 같다 이런 느낌도 없이 한쪽 눈에서 눈물이 스르륵 흘렀다.
얼른 눈물을 닦았다. 그런데 이번에는 양쪽에서 눈물이 스르륵, 스르륵 흘렀다.
슈퍼맨이 지구를 구하는 모습을 볼 때처럼, 마음이 막 든든해졌다.

• 봉사기간: 6년 (중1 ~ 현재)

제일 좋았던 때

"지은아! 일어나 얼른 일어나 내가 깜빡하고 못 깨웠어! 너 늦었다고!"

늦었다는 말에 벌떡 일어나보니 오빠가 날 깨워주기로 한 시간보다 사십 분이나 더 흘렀다. 어제 수행평가를 하느라고 늦게 자서, 아침부터 계속 눈이 감겼다. 봉사활동 가기 전에 한 시간만 자려고 했는데 두 시간을 자버렸다.

나는 대충 옷을 챙겨 입고 부리나케 택시를 타러 갔다.

"아저씨 가좌동이요."

나는 산곡동에 사는데, 봉사하러 가는 푸른솔 생활학교는 가좌동이다. 버스를 타면 한 시간이 꼬박 걸리는 거리로, 시간이 너무 오래 걸려 항상 택시를 타고 간다. 그래서 매번 택시비로 용돈을 많이 사용한다. 항상 옆 동에 사는 청솔이와 함께 가는데, 오늘은 내가 늦어버려서 청솔이가 먼저 갔다. 이럴 때 2배의 비용이 드니 너무 비효율적이라 항상 나를 자책하고 꾸짖는데, 왜 늦게 일어나는 건지... 이럴 때만큼은 용돈이 아까운 생각이 든다.

"6,400원입니다."

택시비를 내니 지갑에 오천 원짜리 한 장 남았다.

"성지은! 너 또 택시 탔어?"

돌아보니 청솔이였다.

"응"

"그럼, Darren Criss CD는?"

나는 아직 못 샀다고 대답했다. 이번에는 꼭 사고 싶은 CD가 있었는데... 어쩔 수 없이 다음 달 용돈을 받을 때까지 기다려야겠다.

청솔이와 함께 푸른솔 센타로 들어갔다.
"얘들아 안녕!"
청솔이가 인사를 했는데, 아이들 모두 그냥 본체만체했다.

그 모습을 보는데 갑자기 기분이 나빠졌다. 나는 애들과 놀아주려고 택시까지 타고 왔는데, 이렇게 본체만체 하다니 너무 하다는 생각이 들었다. 그런데 하필 그때 남자아이하나가 나에게 블록을 던지며 시비를 걸었다.
"악마! 사탄! 가버려!"
정말 기가 막혔다. 내가 뭘 어쨌다고 저러는지 이해가 가지 않았다. 그냥 서 있었는데 사탄이라니! 옆에서 청솔이가 놀라고 어이가 없어하며 나에게 말했다.
"헐, 대박. 방금 들었어?"

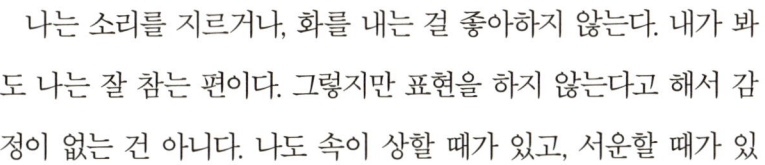

나는 소리를 지르거나, 화를 내는 걸 좋아하지 않는다. 내가 봐도 나는 잘 참는 편이다. 그렇지만 표현을 하지 않는다고 해서 감정이 없는 건 아니다. 나도 속이 상할 때가 있고, 서운할 때가 있다. 그런데 내가 조용하고, 혼을 내거나 하지도 않으니 아이들은 나를 유난히 만만하게 본다.

 나는 집에 가고 싶다는 생각을 했다. 내가 생각했던 봉사활동은 이런 게 아니었다. 처음 푸른솔 학교 봉사활동에 대해 얘기를 들었을 때, 나는 귀여운 동생들이 많이 생길 걸 기대했었다.

 나는 남매라 위로 오빠만 한 명 있다.
 그래서 늘 동생이 있었으면 좋겠다고 생각했다. 오빠가 나한테 잘 해주는 편이라 나도 그렇게 해주고 싶었다. 푸른솔 학교 봉사활동 첫날 귀엽고 사랑스러운 동생들을 만나겠구나 들떠서 왔는데 현실은 전혀 그렇지 않았다.
 아이들이 어쩜 그렇게 무뚝뚝한지. 사실 내가 조금 조용한 성격이라 동생들이 언니, 누나 하면서 말을 걸어 주는 걸 기대하기도 했다. 보통 드라마를 보면, 동생들이 언니 오빠에게 놀아달라고 조르고, 이런저런 질문도 한다. 나는 푸른솔 아이들도 그럴 줄 알았다.
 "지은 언니, 이게 뭐야?"
 "지은이 누나, 그림 그리자."
 이렇게 귀엽게 재잘댈 줄 알았는데, 아이들이 주로 하는 말은 '싫어, 비켜, 꺼져.'였다. 처음엔 그래도 웃었다. 왜냐하면 봉사를 하러 왔으니까 친절하게 구는게 당연하다고 생각했기 때문이다.
 그래서 웃으면서 아이들을 대했다. 그런데 시간이 흐를수록 내 인내심에도 한계가 오면서 혼자 참고는 했다. 그러다 보니 마음이 불편해지면서 스트레스를 받아 한동안은 봉사를 가는 것에 부담이 되고 힘들었다.

나는 우리 팀에서 상담사 역할을 맡고 있는 김성현에게 고민을 말했다.

"성현아, 너도 알지? 내가 행정 일에 관심이 많고, 라온누리 활동을 좋아하는 거."

"실제로 라온누리 재정을 관리하는 일이나, 후원금 계획을 세우고, 서류를 작성하는 일들에 보람을 느껴."

"성지은이 나랑 달리 꼼꼼하게 잘하고 있는 거 다 알지."

"근데... 아이들과 부딪히는 일은 보람도 없고, 아이들과 나 스스로에게 실망하는 계기만 된다."

내 말을 들은 김성현이 진지하게 말했다.

"지은아, 사실은 너만 그런 게 아니고, 봉사를 하는 사람들 모두가 한 번씩 느끼는 마음이야"

다른 봉사자들은 그런 말을 해주지 않았기 때문에 내 문제라고 생각했다.

"정말 다른 단원들도 이런 고민을 해?"

"그럼, 다들 해. 성지은, 너는 아이들도 잘 배려해주고 웃고 있어서 내가 미리 못 챙겼다, 미안해."

"너가 보기에 내가 잘하는 것 같았어?"

"응, 너 잘해."

나만 그런 게 아니라는 말이 위로가 됐다. 성현이는 봉사를 하는 사람들 모두 한 번씩 느끼는 마음이라고 한 번 더 얘기한 후, 누구를 돕는다기보다는 그냥 친구를 사귀어 가는 거라고 생각하는 편이 더 편할 거라고 했다.

일리 있는 얘기였다. 친구라면 그럴 수 있으니까, 나한테 화도 낼 수 있고 서운하게 할 수도 있다. 그렇지만 친구는 그러면서 친해지는데, 여기 아이들과는 좀처럼 친해지지가 않는다. 내가 무얼 못해서 이렇게 되고 있는지 궁금하고 답답했다.

프로그램이 시작됐다.

하필 오늘은 나와 청솔이가 재능기부로 푸른솔 회지를 만들기로 한 날이었다. 마음이 즐겁지 않으니 건성건성 하게 됐다. 다른 봉사자들이 눈치를 줬다.

내가 주축이 되어 적극적으로 해야 하는데 느릿느릿하고 있으니 눈에 띈 모양이다. 마음을 다잡고 부족한 부분들을 겨우겨우 챙겼다.

봉사자들이 모은 자료를 한꺼번에 모아 집으로 들고 왔다. 청솔이도 함께 와서 자료를 정리했다. 나는 분류와 편집을 맡고 디자인부분은 청솔이가 맡았다. 자료를 정리하던 청솔이가 물었다.

"지은아 너는 언제가 제일 재미있었어?"

"응?"

"라온누리 하면서 언제가 제일 좋았냐고!"

"나? 난 바자회 결산할 때."

내 말을 들은 청솔이가 배를 잡고 까르르 웃었다. 무심코 대답했는데, 내가 생각해도 웃겼다.

"야! 성지은 넌 그런게 정말 재밌어?"

청솔이가 다시 물었다. 나는 그렇다고 대답했다. 라온누리에서 총무부 단장을 맡은 후 30명의 회비와 외부 기부금, 바자회 수익을 관리하고 있는데, 전산자료까지 만들어서 관리하느라 시간이 좀 많이 든다. 그렇지만 나한테는 참 좋은 경험이다. 나는 꼼꼼한 편이라, 입출금 기록이나 영수증을 잘 챙긴다. 깨끗하게 정리된 결산 보고서를 보면 기분이 좋아지고, 그 일을 하면서 배우게 된 것도 많다.

처음엔 30명의 회비만 관리를 했다.

그런데 입출금을 관리해보니 재정이 부족해 못하는 일들이 있다는 것을 알게 되었고, 어떻게 하면 재정을 확보할 수 있을까 고민하게 되었다. 그래서 복지 단체를 운영하고 계신 분들을 찾아가 면담하고, 기부금이라는 게 있다는 걸 알게 되었다. 정부에서 주는 지원금을 신청하는 법, 대기업이 운영하는 재단이나 캠페인에 공모하는 법, 라온누리 스스로 바자회 같은 행사를 해서 기금을 확보하는 방법들을 차례로 알게 되었다.

그런 방법들을 알게 되자, 재정의 한계에 부딪혔을 때 극복할 방법들을 찾아 실천하게 됐다. 라온누리 분기별 바자회를 통해 교복 기금을 마련할 수 있었고, 푸른솔학교와 라온누리가 힘을 합쳐 삼성꿈장학재단 장학지원사업에 공모하여 기금을 받기도 했다.

라온누리가 새로운 봉사지를 찾을 때나, 전문가와 면담을 할 때 필요한 질문지도 만들고 결산 보고서도 만들었다.

그때마다 라온누리 아이들이 말했다.

"그래, 너는 행정가가 되는 거야. 푸른솔 아이들을 직접 가르치는 건 못해도 좋은 환경에서 지낼 수 있게 돕는 거야."

그러면서 자연스럽게 복지행정에 관심을 갖게 되었다.

솔직히 어떤 기금은 너무 허술하게 지금 되는 것도 있었고, 어떤 기금은 준비할 서류와 신청서가 너무 복잡해서 진이 다 빠져 버리는 경우도 있었다.

기금을 신청하러 가서 나와 같은 기금을 원하는 분들과 대화를 하게 되면서, 참 어려운 복지단체가 많다는 것도 알게 되었다. 기금을 조성하고 지급해 주는 것도 중요하지만 그 기금을 지급하는 절차와 정책도 중요한 것 같다는 생각을 했다.

많은 단체들 중 정말 성실한 단체를 구별하고, 가장 다급한 단체를 다시 선별하는 일 그걸 잘 해야 귀한 세금이, 아까운 기금이 불필요하게 낭비 되지 않을 것 같았다. 그런 것들을 잘하려면 복지에 대해 잘 아는 전문가가 단체들과 꾸준히 교류해야 할 것 같다는 생각도 들었다.

정리정돈을 잘하는 게 내 장점이라고 생각했고, 그걸 봉사활동에 활용해 보려고 라온누리 총무부를 맡았는데, 그 과정에서 복지정책과 복지기금에 대해 알게 되고 사회복지를 공부하고 싶다는 결심까지 하게 됐다.

이런 얘기를 하는 사이, 자료 정리가 끝났다.

시계를 보니 30분이 훌쩍 지나 있었다. 30분 내내 기금 관리의 중요성, 복지 기금 운용 정책의 중요성만 얘기한 것이다. 청솔이의 표정을 보니 꽤 지루했던 모양이다. 이러니 내가 재미없다는 소리를 듣지 싶었다.

"미안해, 재미없지."

"응, 재미는 없었는데. 근데 궁금한 게 있어."

"뭐가? 궁금해?"

"정말 그것 말고는 좋은 적 없어?"

청솔이가 처음에 했던 질문을 다시 했다.

'라온누리를 하면서 제일 좋았던 때.'

그러면서, '총무일 말고 그냥 봉사활동 중에 재밌었을 때'라는 말을 덧붙였다. 나는 지금은 생각나지 않는다고 대답하고 청솔이를 바래다 주고, 침대에 누워서 곰곰이 생각했다. 정말 좋았던 적이 없었나...?

만약 한 번도 없었다면, 나는 도대체 무얼 하고 있는 건가... 그런데 그때 야구장 생각이 났다. 푸른솔 아이들과 문학경기장으로 야구를 보러 간 적이 있는데 그날 생각이 난 것이다.

모처럼의 야외 수업이었다.

TV에서만 보던 야구 경기를 직접 본다는 생각에 나도 조금 들떴다. 그런데 야구장으로 가는 길 너무 들떠서 그랬는지 아이들이 장난을 심하게 쳤다.

아이들의 장난은 야구장에서 계속됐다. 의자 위로 올라가고, 뒷자리에 앉은 관중께 죄송하다고 인사를 하고 얼마 안 돼서 이번엔 의자 밑으로 기어 내려가고 그런 아이들을 진정시키느라 정신이 없는데 갑자기 응원이 시작됐다. 엄청난 함성소리에 아이들이 일순간 움찔했다. 그 모습을 보는데 귀여워 웃음이 났다. 매번 당차게 나한테 따지고 들던 남자아이는 놀래서 얼굴까지 빨개졌다.

아이들에게 우리가 더 크게 소리를 질러보자고 얘기했.

그리고 나도 같이 소리를 질렀다. 우리는 응원이 시작되는 순간

마다 하나, 둘, 셋 신호를 맞춰서 같이 마구 소리를 질렀다. 내가 그렇게 큰 소리를 내 본건 그때가 처음이었던 것 같다. 다른 행동 없이 그냥 동시에 다 같이 소리를 지르는 그거 하나만으로 한마음이 된 것 같았고, 뭔가 소통이 된다는 기분이 들었다. 기분이 정말 좋았다.

그리고 아이들과 헤어져서 집으로 걸어가는 길, 밤바람이 불었다. 너무 상쾌했다 마치 내가 투명인간이 된 것처럼 시원하고 머릿속에 든 온갖 잡생각이 사라졌다.

문학경기장에서의 추억이 떠오르자 마음이 한결 편해졌다. 다행이었다. 나에게도 좋았던 순간이 있었던 거다. 나는 늘 잘해야 좋은 거라는 생각을 하는 편이다. 사람들은 열심히 했으면 된 거라고 얘기하는데, 이왕이면 잘하고 싶다는 생각을 늘 했던 것 같다. 그런데 생각해보니 그날 야구장에선 아무것도 잘 한 것이 없는데 모두 좋았던 것 같다. 봉사자로 따라간 나도, 아이들도 그냥 한마음으로 소리 지를 때 뭔가 해소되는 것을 서로 느꼈다.

어쩌면 오늘 나에게 욕을 한 아이에게 다시 한 번 야구장이 필요 할 것 같다는 생각이 들었다. 그 아이도 뭔가 쌓인 게 있었겠지. 나보다 어리다고 스트레스가 없는 건 아닐 테니까. 그렇게 생각하니 마음이 조금 가벼워졌다.

'다음 주에 나한테 또 그러면 같이 소리를 질러 보자고 해야지. 야구장에 갔을 때처럼 시원하게 소리를 질러 보자고 해야지. 내

소리도 만만찮다는 걸 알면 깜짝 놀라겠지만, 분명 뭔가 통하는 게 있을 거야.'

아직 토요일 밤인데, 벌써 다음 토요일이 기다려졌다.

키다리 은호

푸른솔 창간호를 위한 원고들이 나왔다. 우리는 낱장으로 복사한 종이를 아이들에게 보여줬다.

"이제 이런 얘기들이 묶여서 책이 될 거야"

푸른솔 신문이 정말 나오는 거냐며 신기해했다. 아이들이 특히 열심히 읽은 건 봉사단원들이 쓴 글이었다. 그 모습을 보면서 매주 토요일 얼굴을 보긴 하지만 진솔한 이야기를 할 시간은 없었다는 생각이 들었다.

그 주 라온누리 정기 모임, 우리는 아이들과 좀 더 진지하게 소통 할 수 있는 방법이 무엇일까 고민했다. 여러 가지 아이디어가 나왔는데, 그중 우리 모두가 좋다고 느낀 건 아이들에게 필요해하는 작은 선물을 해주자는 의견이었다.

가정형편이 어렵지만 행정상의 문제로 수급자로 선정되지 못한 아이들에게 필요한 물건을 하나씩 선물해 주는 형태로 진행하자는 이야기가 나왔다. 대신 마니또처럼 누가 준 선물인지는 알 수 없게 이벤트처럼 하자는 의견도 나왔다. 그러다 편지도 함께 써주자는 이야기가 나왔다.

우리는 프로그램의 이름을 '키다리 아저씨'로 정했다. 각자 한 명씩 아이들을 맡고, 익명으로 선물과 편지를 주기로 했다. 우리는 아이들의 이름을 종이에 적어 반으로 접고 섞은 후 한 명씩 무작위로 뽑았다. 종이를 열어보니 '은호'라는 이름이 쓰여 있었다.

곱슬머리에 장난이 심한 2학년 남자아이. 내가 은호에 대해 아는 전부였다. 생각해보니 개인적으로 말을 해 본 적도 없었다. 한 번도 대화를 나눠 본적 아이에게 편지를 쓰려니 막막했다. 나는 다음 토요일부터 은호를 살펴보기로 했다. 그래야 한 줄이라도 편지를 쓸 수 있을 것 같았다.

다음 주 내 눈은 은호만 따라다녔다. 파마한 것 같은 곱슬머리,

작은 키, 잠시도 가만히 있지 않고 친구에게 장난을 걸고 몰랐는데 웃음이 많았다. 그리고 웃는 얼굴이 귀엽고, 친구들과 놀다 삐지기도 잘하는 것 같았다. 말을 걸어 볼까 하다가 혹시 내가 키다리 아저씨 인걸 눈치챌까봐 그러지 않았다. 그리고 그날 밤 나는 은호에게 편지를 썼다.

"은호에게!

은호야 안녕? 이렇게 편지로 만나니까 기분이 좀 다르다.

오늘부터 난 은호의 키다리 아저씨가 되기로 했어.

은호에게 필요할 것 같아서 작은 선물을 준비했어.

은호에게 기분 좋은 일이면 좋겠다.

푸른솔 학교에서 은호를 보니까 은호는 잘 웃더라.

그리고 웃는 얼굴이 참 귀엽더라.

나는 크게 소리 내서 웃는 일이 적은데,

은호가 씩씩하고 크게 웃는 걸 보니 기분이 좋았어.

은호야 학교에서 선생님 말씀 잘 듣고,

푸른솔 친구들과 놀다 너무 자주 삐지지는 말고.

그럼 다음에 또 쓸게.

좋은 일주일 보내렴.

-키다리 아저씨가"

갑자기 쓰려니까 내용도 어색하고, 할 말도 잘 생각나지 않았다.

다 쓰고 나서도 좀 아쉬웠다. 하지만 이건 시작이니까 갈수록 내용도 늘어날 거라고 생각하고 오늘은 여기까지 쓰기로 했다. 그래도 제일 예쁜 편지지를 골랐고, 선물도 준비했으니 은호가 좋아했으면 좋겠다는 생각이 들었다. 다음 토요일 은호가 어떤 표정을 지을지 너무 궁금했다.

토요일, 편지를 받은 은호가 어떻게 행동하는지 보았다.

티나지 않게 보려고 구석에서 몰래 봤다. 편지를 본 은호의 얼굴이 새빨개졌다. 맨날 싱글벙글 웃던 아이가 얼굴이 빨개져서 편지지만 뚫어지게 보니 좋아하는 건지 실망하는 건지 잘 구분 할 수가 없었다. 나는 마음이 조마조마했다 '너무 짧게 썼나? 선물이 마음에 안 드나?' 그런데 바로 그때 은호가 편지를 들고 이어나더니 자기 가방 쪽으로 갔다. 가방을 연 은호는 책을 한권 꺼냈다 그리고 그 책을 열어서 거기에 편지를 조심스럽게 넣었다. 그 모습을 보니 이상하게 마음이 울렁거렸다.

다른 봉사단들도 나랑 비슷한 기분이었다고 했다. 그 주부터 다들 더 열심히 편지를 쓰게 됐다.

나도 그랬다. 한 주, 한 주 나도 모르게 편지가 길어졌다.

그러던 어느 날 전혀 생각하지 못했던 일이 일어났다. 답장이.. 온 것이다. 은호가 나에게 답장을 썼다. 물론 난 줄은 모르고 키다리 아저씨에게 답장을 쓴 것이다. 아무도 시키지 않았는데, 자기 스스로 써서 푸른솔 학교 선생님에게 부쳐 달라고 부탁한 것이다.

선생님이 얼른 읽어보라고 하셨는데, 그러지 않았다. 주머니에 넣어 놨다가 집에 와서 편지를 꺼냈다. 꼬깃꼬깃 접힌 답장을 펴는데... 손이 떨렸다. 정말 이상한 기분이었다.

"키다리아저씨께 -

키다리아저씨 저 은호에요.

저번에 라운놀이(라온누리) 형 누나들이 만들었던 걸

제가 구겨다고(구겼다고) 하셨잖아요.

그땐 제가 죄송했어요.

그런대요. 힘든 일이 있으면 답장하라고 하셨잖아요.

그런대요즘엔 힘든일이별로없어요.

그런대키다리아저씨는 힘든일없으세요?

키다리아저씨도힘든일이 생기시면 답장해주세요.

오래오래열심히사세요.

편지 쓰실때마다 선물 보내주셔서 감사합니다.

다음번에 만나면 예기(얘기) 많이해요.

다음번에 만나요.

2013년 5월 28일 화요일 은호 올림"

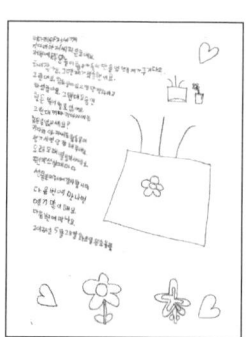

맨날 장난만 치고, 방방 뛰어만 다니는 남자아이가 꽃도 그리고 하트도 그리게 신기했다.

'그런데 요즘엔 힘든 일이 없어요...'

이 대목을 읽다가 웃음이 터졌다. 힘든 일이 없다! 진짜 부러운 녀석이라고 생각하며 다음 문장을 읽었다.

'그런데 키다리 아저씨는 힘든 일 없으세요?'

"키다리 아저씨도 힘든 일이 생기시면 답장해주세요..."

갑자기 눈물이 났다. 정말 거짓말처럼 감동적이다. 눈물이 날 것 같다 이런 느낌도 없이 한쪽 눈에서 눈물이 스르륵 흘렀다. '뭐야.. 성지은 왜 이래.'

얼른 눈물을 닦았다. 그런데 이번에는 양쪽에서 눈물이 스르륵, 스르륵 흘렀다.

그러다 무슨 애처럼 엉엉 울었다. 그때 집에 혼자 있었기 망정이지 오빠가 봤으면 두고두고 놀렸을 거다. 나는 오빠랑 싸울 때도 잘 안 운다.

다 울고 나니 마음이 후련해졌다. '힘든 일이 생기면 답장해주세요.' 슈퍼맨이 지구를 구하는 모습을 볼 때처럼, 마음이 막 든든해졌다. 정말 마음은 크기와 상관없이 나눈다는 것만으로 힘이 되는구나. 느껴졌다. 그동안 속상하고, 섭섭했던 마음들이 좀 전에 눈물을 따라 다 녹아버린 것 같았다. 나는 또, 토요일을 기다리게 됐다.

편지를 써놓고, 토요일을 기다리던 날 '멘토'에 대해 관심을 갖게 됐다. 이번 키다리 아저씨 프로그램을 하는 동안 은호에게 좋은 '멘토'가 되어 주고 싶다는 생각을 하게 된 것이다. 그냥 안부를 묻고, 격려만 해주는 것이 아니라 은호에게 정말 필요한 얘기를 해주고 싶었다.

은호의 가정상황과 학교생활에 대해서 더 알고 싶어서 푸른솔 원장님과 면담을 시간을 갖고, 단장인 준혁이와 또래 상담사 성현이와도 이야기를 많이 나눴다. 마중물이라는 곳에서 인문학 강좌를 듣고 있는 준혁이는 도움이 될 만한 책들을 많이 추천해 주었고, 추가로 라온누리 전체가 멘토 교육을 받을 기회를 만들어 보겠다고 얘기해줬다. 상담이 특기인 성현이는 아동복지에 비전을 두고 있어서 이미 많은 공부를 했고, 아는 것도 많았다.

은호와 같은 환경의 친구들이 어떤 상처를 갖고 있는지, 그럼에도 불구하고 은호가 얼마나 씩씩하고 밝게 지내는 것인지에 대해 자세히 말해주는 성현이의 말을 들으니 새삼 은호가 대견하다는 마음이 들었다. 그리고 동시에 내가 정말 어렸구나...라는 생각을 하게 됐다.

생각해보니 내 주변에는 나를 도와주는 사람들이 참 많다. 부끄럽지만 오늘까지 그걸 당연하다고만 생각했다. 오빠니까 당연히 날 도와줘야 하고, 부모님이니까 날 사랑해줘야 하는 거라고 생각했다. 어떤 일을 하다 힘이 들면 오빠를 불렀고, 용돈이 부족하면 부모님을 졸랐다. 그리고 그때마다 내가 그렇게 하면 그 문제나 불만이 해결되는 걸 믿고 있었다.

그런데 푸른솔 학교에 와보니 그런 믿음조차 가져볼 수 없는 아이들이 많았다. 그리고 그 아이들은 아직 너무 어렸다. 어린 시절 큰 상처 없이 많은 지원을 받으며 자란 나도 입시지옥을 겪으며 마음이 비뚤어 질 때가 있다. 모두 밉고 지칠 때가 있다. 근데 이렇게 어릴 때부터 힘든 은호와 아이들이 사춘기가 되면 그 스트레스를 어떻게 견딜까 걱정이 되었다. 지금부터 그때까지 그 아이들의 곁에서 힘이 되는 멘토가 되어 밝은 마음을 계속 가질 수 있게 도와야 한다는 마음이 들었다.

그런 생각들이에 확신을 갖게 된 후, 더 많은 편지들이 오고갔다. 그러던 어느 토요일 은호가 봉사단들 사이사이를 돌아다니며 나를 찾고 있는 걸 보게 되었다. 은호가 나에게 걸어왔다. 그리고 이렇게 물었다.

"누나, 성지은 누나가 누구야?"

어떻게 하다 내 이름은 알아냈는데, 내 얼굴은 모르는 거였다. 나는 잠시 망설이다 얘기했다.

"내가 성지은 누나야."

그러자 은호가 못 믿겠다는 눈빛으로 나를 쳐다보곤, 아이들과 봉사자들에게 '저 누나가 성지은 누나야?'라고 묻고 다녔다. 아이들이 다 맞다고 해도 계속 묻더니, 마침 그날 나온 '푸른솔' 책자를 열어 내 사진과 이름을 확인했다.

책자를 통해 내가 성지은이 맞다는 걸 확인한 은호는 그대로 가만히 앉아 책만 봤다. 내 쪽으로 눈도 돌리지 않고 그냥 책만 계속 봤다. 그러자 옆에 있던 아이가 벌떡 일어나 말했다.

"저 누나가 성지은 누나 맞아! 니 가 .... 읍!"

은호가 벌떡 일어나 그 아이가 말을 하지 못하도록 막았다. 은호가 그 친구에게 나에 대해 무어라고 말을 한 것 같은데, 그게 들키는 게 싫어 말을 못하게 하는 것 같았다. 푸른솔 최고의 장난꾸러기가 저렇게까지 쑥스러워하는 걸 보니 귀여워서 웃음이 났다.

그날부터 나는 은호에게 '지은이 누나'임을 밝히고 편지를 쓰게 됐다.

그 뒤로도 한 달을 더 편지를 주고받았다. 내가 푸른솔 학교에 도착하면 은호가 제일 먼저 뛰어와 '누나 편지 있어?' 하고 물어봤다. 나는 은호의 주머니에 편지를 넣어주며 집에 가서 혼자 읽으라고 얘기했다. 그런데 그날따라 은호가 이상하게 내 말을 안 듣고 편지를 들고 가 아이들 앞에서 소리 내 읽었다.

민망해진 나는 은호에게 그러지 말라고 했다.

은호는 나를 피해 요리조리 도망다녔다. 하는 수 없어진 나는 그냥 내 자리로 와서 내가 정리해야 하는 그날의 일지를 정리했다. 당연히 표정이 안 좋았다. 은호가 왜 그러는지 그 마음을 알 수 없어 답답하기도 했다.

수업이 끝나고 은호가 나에게 왔다. 그러더니 헤헤헤 웃으며 "편지 다 읽었어"라고 얘기했다.

그렇게 웃는 얼굴을 보니 마음이 누그러졌다.

'나는 그래, 그랬구나.' 라고 대답해줬다.

그런데 은호가 뜻밖의 말을 꺼냈다.
"누나, 나 이 편지 엄마랑, 아빠한테 보여줘도 돼?"
그 말을 듣는데 그냥 은호의 마음이 느껴지는 것 같았다.
'내 진심이 은호에게 닿은 건가...'라는 생각이 들었다.
나는 그런 생각을 하느라고 잠시 아무말도 못했다.

은호가 내 눈치를 살피며 물었다. 나는 얼른 그래도 된다고 얘기했다. 은호는 정말 좋아하면서 집으로 돌아갔다.
집으로 돌아오는 길, 단원 한 명이 나에게 이런 말을 했다.
"오늘 은호가 네 편지를 세 번이나 읽어줬어. 내가 그만 듣겠다는대도 지은이 누나가 최고지, 이러면서 계속 읽더라. 귀가다 아프다. 근데 너 진짜 좋겠다. 우리 지은이 누나래!"
그랬구나... 은호는 정말 날 자랑하고 싶었던 거구나. 잠시나마 은호를 말리고, 안 좋은 표정을 하고 있었던 게 미안했다.
그날 나는 마음속으로 생각했다.
'오래오래 은호의 '우리누나'가 되어 주자!'
그동안 라온누리를 하며 많은 프로그램을 했다.
그중 키다리 아저씨 프로그램은 다른 단체나 기관에서도 하면 좋을 것 같다는 생각이 든다. 물질적인 지원도 중요하지만, 외로움이나 소통 어려움을 돕는 것도 중요하기 때문이다. 특히 차상위계층의 아동들에게 이러한 지원이 특별히 필요한 것 같다.
라온누리 활동을 하기전엔 차상위계층이 무엇인지 잘 알지 못

했다. 그런데 푸른솔 학교에 가보니 차상위계층의 아동들이 많았다. 기초생활수급자로 인정된 분들은 여러 가지 혜택을 받는데, 그 조건에 안타깝게 빗겨나가 혜택을 받을 수 없는 분들이 차상위계층이었다.

노인분들의 경우 기초생활수급자로 인정받게 되면 매달 15만원 정도의 지원금을 받게 된다. 그런데 거기에 부양자 가족이 없어야 한다는 조건이 있다. 그래서 자식들이 외면하거나, 연락을 끊어버려 독거노인이 되셨는데도 서류상으로 자식이 있어 기초생활수급자 인정을 못 받는다.

푸른솔 학교에도 그런 분들의 손자, 손녀가 있다. 나는 이 경우가 제일 속상했다. 엄마, 아빠가 할아버지 할머니께 아이들을 맡기고, 연락을 끊어 버린 경우이다. 그렇게 되어버리면 할아버지, 할머니, 아이들 모두 지원을 못 받게 된다.

이렇게 되어버리면 그분들은 생활고와, 버리고 간 사람들에 대한 원망 두 가지 고통에 시달리게 된다. 이런 경우 누군가는 아이들에게 이 상황에 대해 설명해 줘야 한다. 그렇지 않을 경우 아이들의 마음에 막연한 원망 등이 자리 잡는다. 나는 이런 것들을 개선할 수 있는 프로그램을 만들고 싶다. 나는 이런 꿈을 가질 수 있는 기회가 된 라온누리가 좋다. 그리고 이것을 꼭 해내고야 말겠다는 결심을 갖게 해준 은호가 고맙다.

문화마을

어느 일요일, 청솔이와 함께 푸른솔 학교 회지를 만드는 데 필요한 자료들을 살펴보고 있었다. 인터넷 신문도 보고, 잡지도 보다가 '굿모닝 인천' 잡지에 실린 '문화마을' 이야기를 보게 됐다.

"청솔아 이거 봐, 숭의동에 예술가 마을이 조성되고 있대."

"정말이네? 야! 벽화도 그린대! 우리 여기 한 번 가보자!"

청솔이가 당장 가보자고 했다. 나도 바로 좋다고 대답했다. 나는 숭의동에 지어질 예정이라는 '행복 도서관'이 궁금했다.

키다리 아저씨 프로그램을 하면서 편지나 그림 같은 정서적인 활동에 대해 관심을 많이 갖게 되었는데, 아이들을 위한 도서관이 생긴다니 매우 반가웠고, 어떤 후원으로 도서관이 생기는 지도 궁금했다.

다음날, 정말 청솔이와 만났다.

둘이서 모르는 길을 물어서 찾아갔다.

숭의동에 대한 첫인상은 언덕이 가파른 곳에 있는 아기자기한 동네라는 것이었다. 반쯤 진행된 벽화 작업이 신기했고, 빈집을 수리하는 과정에서 나온 쓰레기가 많아 어떤 곳은 지저분하기도 했다.

우리는 참여위원이신 조영숙 시인님 면담을 요청했다.

시인의 사무실로 찾아가는 내내 가슴이 떨렸다.

이렇게 무작정 면담을 요청 드린 건 처음이라 버릇없다고 하실까봐 걱정이 됐다. 그러나 다행히도 따뜻하게 반겨주셨다.

숭의동은 재개발이 멈춘 작은 마을이다. 그동안 빈 집이 계속 늘어 150채 가까이 되었고, 노인 분들만 남게 되었다. 흉가 마을로 변해가는 것을 안타깝게 여긴 주민 센터 분들이 예술가들을 찾아가 '숭의동'에 오셔서 문화 활동을 해달라고 부탁하게 됐다.

그때부터 뜻과 힘을 모아 숭의동을 예술문화 마을로 만들어 보자는 움직임이 일어났다. 예술가 분들에게는 작업실이 생겨서, 집주인들은 마을의 분위기가 바뀌어서 좋아하셨다. 또한 마을이 밝아지고, 예뻐지니 아이들도 기뻐했다.

처음 우리가 봉사하러 숭의동에 도착해보니 골목에서 놀고 있는 어린애들이 많았다. 숭의동 근처에는 푸른솔 학교 같은 센터도 없어서 모두 길에서 놀거나, 집에서 시간을 보낸다고 했다. 그래서 마을 안에 '행복 도서관'을 조성할 계획이라고 했다.

그래서 라온누리에 가장 먼저 주어진 임무는 '행복 도서관' 책 정리였다. 우리는 책들을 분류해서 정리하고 엑셀로 책 제목을 적어 쉽게 찾을 수 있도록 하였다.

관장님은 우리에게 도서관 열쇠를 주시며 언제든 와서 사용하고 봉사하라고 하셨다. 처음 보는, 봉사하러 왔다는 학생들에게 도서관 열쇠를 주신 것은 우리 라온누리를 믿으셨기 때문이라는 생각에 뿌듯했다.

우리는 책 정리를 3주 만에 끝내고 벽화길 조성 사업 계획을 냈다. 라온누리 단원을 중심으로 새로운 벽화를 조성하고 싶다는 생각을 말씀드렸다.

숭의동은 우리 사업 계획을 승인하고, 지도 선생님으로 이성민 선생님을 추천해주셨다. 청솔이와 의논해 벽화길 주제를 '계절'로 정했다.

벽화를 하기로 한 '라온누리·행복길'은 50미터정도의 비탈길이 심한 길이다. 갈수록 계절이 변화하는 것이 포인트이다. 청솔이와 나 그리고 경노는 각각 칠할 색도 지정했다.

매주 일요일 오전 11시부터 오후 5시까지 벽화길 조성 시간을 정해 숭의동으로 갔다. 벽화를 그린다는 생각에 들떠서 갔는데, 첫날 하게 된 일은 페인트 벽을 벗겨 내고 평평하게 만드는 일이었다.

물감은 구경도 못 하고 하루 종일 벽만 긁어냈다.

하필 7월이라, 30분에 땀범벅이 되고 진득진득해 기분이 나빠졌다. 하지만 포기할 순 없었다. 여기까지 왔는데 벽화도 못 그려 보고 그만두면 너무 속상할 것 같았다. 우리는 번갈아 음악을 틀고, 수다도 떨며 끝까지 일을 했다.

그런 밑 작업들이 끝나고, 드디어 벽화가 그려지게 되었다.

우리는 신이 나서 그림을 그리고 색을 칠했다. 그런데 생각지도 못한 일이 일어났다. 벽화를 칠하고 있는데, 옆집의 할머니 한 분이 우리를 불렀다. 나와 이성민 선생님이 달려갔다.

"지난주에 새 이불을 널어놨는데 페인트가 묻었어. 어떡할 거야, 처음 산 새 이불인데."

우리는 우선 죄송하다고 여러 번 말씀 드리고, 어떻게 든 이불 값을 보상해 드리겠다고 했다.

그러자 할머니께서 어린 학생들이 돈도 안 받고 일하 는데 어떻게 돈을 받냐고 하시며 그냥 두라고 하셨다. 우리는 할머니께 이불을 주시면 빨아 드리겠다고 했다.

그러자 할머니께서 말씀하셨다.

"옮겨달라고 하지. 그럼 페인트 안 묻었을 텐데. 속상하지만 어 떡해. 학생들이 좋은 일 하다 그런 건데. 할 수 없지. 대신 이쁘게 칠해, 우리 손주가 기대를 많이 하고 있어."

그 말을 듣고 보니 할머니 뒤에 다섯 살 정도 되는 남자아이가 서 있었다. 아이가 방긋 웃어주는데 마음이 조금 놓였다. 나는 남 자아이 앞으로 가서 손가락을 내밀었다.

"네 덕분에 할머니가 우릴 용서해 주셨네, 고마워. 벽화 그리는 거 끝나면 같이 도서관 가자 언니가 책 읽어줄게."

아이가 손뼉을 치며 좋아했다. 할머니도 얼른 가서 열심히 하라 며 웃어주셨다. 갑자기 힘이 불끈 났다. 그림을 그리던 곳으로 돌 아왔다. 단원들에게 조금 전 있었던 일을 얘기하고 조금 더 조심 하자고 약속했다.

예술마을이 진행되던 초기에는 주민 분들과 위원회 분들 사이 에 마찰이 있었다고 한다. 빈집들을 작업실로 고치면서 쓰레기가 많이 나오고, 소음이 생겨 주민 분들이 민원을 제기한 적도 있다 고 했다. 그런데 이제는 저렇게 응원해 주시니 마음이 참 좋았다.

점점 예뻐지는 마을을 따라 주민 분들과 동네 아이들의 마음도 밝아졌으면 좋겠다는 생각이 들었다.

내가 라온누리를 만나지 못했더라면, 나는 좋아하는 행정 일로 적성을 살려, 행정학을 공부한 다음 평범한 기업체의 평범한 회사원으로 취직했을 것 같다.

하지만 이제는 조금 다르게 생각하게 됐다. 행정 일을 하되, 세상을 따뜻하게 만드는데 기여 할 수 있는 행정 일을 하고 싶다.

라온누리 활동을 하는 동안 나에게 가장 크게 와 닿은 것은 '따뜻함'이었다. 봉사란 내 따뜻함을 누군가에게 나눠 주는 것이라고 생각했는데, 그게 다가 아니었다.

은호는 나로 하여금 '나'라는 존재가 누군가에게 필요한, 도움을 줄 수 있는 사람이라는 것을 느끼게 해주었고, 그 순간 내 마음에 따뜻함이 생겼다. 나는 은호를 통해 사람과 사람 사이에 흐르는 '따뜻함'의 힘에 대해 깨닫게 된 것 같다.

전에는 사회가 냉정하고 지루하다고 생각했다. 입시위주의 사회에서 고등학생이 할 일은 학교와 학원을 오가는 것뿐인가... 라는 생각을 했었다. 대학생이 되어서는 취업 경쟁을 하게 될 것이고 사회인이 되어서도 다르지 않을 거라고 생각했다.

그래서 적성을 살려 공부하고, 안정적인 직장에 취직해서 평범하게 사는 것이 좋은 것이라고 생각했었다. 그러나 나에게는 더 많은 선택과 기회가 있다는 것을 알게 되었다. 직업을 갖고 사회에 소속한 것에 만족하는 것이 아니라, 사회에 따뜻한 영향력을 끼치고, 기여 하는 것을 꿈꾸게 되었다.

은호가 나에게 준 따뜻함을 느꼈을 때, 나는 사회에 대해 기대하게 되었다. 이제는 내가 느꼈던 그 따뜻함을 다른 많은 사람들에게 알려주고 싶다는 생각을 하게 됐다. 회사가 아닌 봉사단체나, 복지기관에 소속되어 행정 일을 하고 싶다는 희망을 갖게 됐다. 일만큼이나 사회 기여가 중요하다는 것을 알게 되었다. 일과 사회 기여를 동시에 할 수 있는 일을 해야겠다고 생각하게 되었다.

행정 전문가가 되어 봉사단체나, 복지기관이 원활하게 운영 될 수 있게 하는 역할을 하고 싶다. 그래서 이 사회에 보다 많은 따뜻함이 활발하게 교류될 수 있도록 구성원으로서 마땅히 할 몫을 해내며 살고 싶다.

4

김청솔 | 부광여자고등학교 3학년

관심을 기울인다는 것은 중요한 시작이다

라온누리를 통해 '관심'은 세상을 크게 보는 '돋보기' 같다는 걸 알게 됐고, 이 다음에 내가 사회구원성으로서 역할을 하게 된다면, '돋보기' 같은 역할을 하고 싶다고 생각하게 됐다.

• 봉사기간: 3년(고1-현재)

샤미나드의 집

"봉사활동?"

"응, 너 이번에는 꼭 가야 돼. 내가 너도 명단에 넣었거든!"

"...."

"나 혼자 가기 심심하니까 같이 가자!"

서영이의 표정은 아주 단호했다. 나랑 꼭 같이 양로원에 가겠다는 표정이었다.

서영이와 처음 만난 건 고등학교 1학년 때인데, 서영이가 중간고사 끝나고 서영이네 어머니께서 다니시는 양로원에 봉사시간을 채우러 같이 가자고 계속 졸랐다. 나는 양로원에 가서 과연 내가 잘 할 수 있을 지 의문이 들었다.

사실 나는 다정한 스타일은 아니다. 할 말은 하고, 싫은 건 싫다고 하는 편이다. 위로 언니가 있지만 열 살이나 차이가 나서 같이 수다를 떨고 하는 편이 아니다. 그리고 부모님은 맞벌이를 하셔서 혼자서 자란 편이다. 그러다 보니 집에서도 좋아하는 영화를 보거나, 그림을 보며 시간을 보낸다.

하도 혼자만의 시간을 많이 보내다보니 사람들이 많아 북적거리거나 처음 보는 사람과 얘기하는 걸 좋아하지 않는다.

약속 한 날, 나는 서영이를 만나러 가면서 약간 후회를 하고 있었다. 솔직히 내가 생각해도 참을성이 많은 편이 아닌데, 봉사활동이라니 자신이 없었다. 그런 고민을 하는 사이 봉사활동을 하기로 한 '샤미나드의 집'에 도착했다.

'샤미나드의 집'은 산곡동 성당과 함께 있는 양로원이었다. 마당을 조용히 오고가시며 일을 하시는 수녀님들의 모습이 인상적이었다. 요양원으로 가보니 4층짜리 흰 건물이었다.

지하 1층엔 식당과 세탁실이 있었다. 지상 1층엔 어르신들이 미사드리는 곳과 사무실, 그리고 방이 하나 더 있었다. 나는 그 방의 용도가 무엇이냐고 물었다. 그랬더니 어르신들과 그분들의 보호자가 만나는 곳이라고 했다. 그 말을 들으니 기분이 묘했다.

가족은 당연히 같이 사는 거라고 생각했는데, 혼자 여기서 지내시다 가족이 찾아와줘야만 볼 수 있다면 어떤 기분일까 하는 생각이 들었다. 나는 왠지 그 방이 쓸쓸해 보였다.

그다음 3층과 4층을 가보았다. 3층과 4층은 구조가 똑같은데, 3층엔 거동이 불편하신 분들이 4층엔 치매 환자분들이 계시다고 했다.

나는 서영이와 서영 어머니를 따라 4층으로 가서 봉사를 하게 됐다. 그 곳에는 내 생각보다 훨씬 많은 어르신들이 계셨다. 그 때가 막, 점심때라 바로 식사를 도와 드리게 됐다. 나는 서영이에게

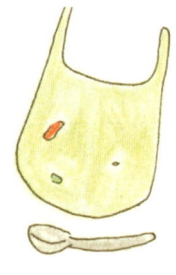

어떻게 하냐고 물었다. 서영이가 귓속말로 대답했다.

"나도 잘 모르겠어. 식사하시는 걸 도와드려야 하지 않나? 따라하면 되겠지……."

우리는 다른 분들이 하는 걸 보고 그대로 따라했다. 반찬을 많이 흘리시는 할아버지께 턱받이도 해드렸다. 그리고 나서 보니 몇몇 분을 제외하고는 조금은 평범하지 않은 모습으로 식사를 하고 계셨다. 숟가락질이 서툰 분, 식사는 안 하시고 자꾸 물만 드시는 분, 반찬은 안 드시고 밥만 드시는 분. 나는 그분들의 옆으로 가서 숟가락질을 도와 드리고, 물 대신 밥을 드시게 했다. 그리고 밥만 드시는 할머니의 숟가락위에 반찬을 올려드렸다. 마치 어린애가 밥 먹는 걸 도와주는 기분이었다. 나보다 훨씬 나이 많으신 분들인데……

서영이 말이 맞았다. 말을 할 일은 없었다. 그냥 조용한 가운데 불편한 분들을 도와드리면 되는 거였다. 하지만 내가 생각한 것보다 훨씬 조용했다. 조용하단 말보다 고요하단 말이 어울릴 정도였다. 할머니, 할아버지들이 보시는 TV에서 나오는 소리만 가득했다.

식사 시간이 끝나고 우리는 청소를 시작했다. 우리는 넓은 4층을 구역을 나눠 맡았다. 먼저 빗자루로 바닥을 쓸고 다음엔 마포질을 해야 했다. 할머니, 할아버지들이 계시는 각 방마다 청소를 해야 해서 그다지 넓지는 않았지만 시간은 오래 걸렸다. 그리고 청소를 하던 중간 중간 다른 봉사자분들의 휠체어를 밀고 거실 쪽으로 모셔다 드리곤 했다. 친구랑 나는 오랜 시간의 청소를 마친 후, 지친 몸을 이끌고 수녀님들께 인사를 드린 뒤 나왔다.

그리고 다음 주, 다시 요양원으로 갔다. 봉사팀을 둘로 나누어서 한 팀은 지하에서 할머니 할아버지들이 쓰실 긴 천을 자르는 일을 하고, 나머지 한 팀은 3층을 청소하게 될 거라고 했다.

나는 속으로 그냥 조용히 천 자르는 일을 했으면 좋겠다고 생각했다. 나는 3층 청소 팀으로 배정되어 수진이와 함께 3층으로 갔다. 4층 할아버지가 궁금했지만, 아직 친한 수녀님이 없어서 여쭤보진 못했다.

요양원 3층엔 거동이 불편하신 분들이 계셨는데, 그중 다리가 조금 아프신 것 외에는 전혀 문제 될 게 없어 보이는 할아버지가 계셨다. 나도 모르게 할아버지를 자꾸 쳐다보게 되었다. 내가 청소를 하려고 하는데 할아버지께서 도와 줄 수 있냐고 하셨다. 나와 수진이는 걸레를 가지고 할아버지를 따라갔다.

할아버지는 방이 아닌 다른 복도로 가셨다. 그곳에는 많은 화분들이 있었다. 할아버지께서 내가 관리하는 화분이라고 말씀해

115

주셨다. 우리는 할아버지를 따라 잎을 닦고, 물을 주고, 화분과 화분 받침을 닦는 일을 했다.

할아버지께서는 다리를 약간 저시는 것 외에는 전혀 불편함이 없어 보이셨다. 하지만 다른 분들은 많이 편찮으시거나, 치매가 있으셔서 일상생활이 어려우셨다. 그래서 여기서 돌봐 드리는 것이다. 하지만 할아버지께서는 일상생활을 하기에 전혀 부족함이 없는데 왜 자식들과 떨어져 여기 계신지 이해가 가지 않았다. 요양원 시설이 좋긴 했지만, 그래도 이 할아버지께서는 가족들과 지내는 게 좋을 것 같다.

할아버지와 얘기를 하니, 문득 이모할머니 생각이 났다. 어렸을 때 부모님이 바쁘셨기 때문에 할머니가 나를 자주 돌봐주셨다. 초등학교에 입학하고 나서는 학교에 다니고 다른 친구들과 노느라 자주 못 뵈었다. 하지만 할아버지와 얘기를 나누다 보니 할머니께 전화라도 한번 해봐야겠다고 생각했다.

봉사가 끝나고 버스를 타고 가면서 문득 내가 지금까지 본 프로그램들 중 할머니, 할아버지들에 대한 이런 프로그램이 있었는지 생각해보게 됐다.

'양로원에서 지내시는 분들의 마음이 어떤지, 가족들은 어떤 생각을 하는 거지?'

각자의 사정이 있겠지만 이런 사정을 조금이나마 해결 해줄 정부의 정책이 있는지 또한 궁금해졌다.

'내가 이런 것과 관련된 다큐멘터리를 1부작이라도 제작해보면 어떨까?'

나는 버스에서 내려 집으로 가는 내내 그런 프로그램을 만든다면 어떨지, 파급력이 얼마나 있을지 상상해봤다.

조용한 봉사

"누나, 우리 봉사하자."

고등학교 1학년 여름방학 때까지 수학 과외를 했었다. 그런데 갑자기 과외선생님께서 중국으로 가시게 되어서 마땅히 수학을 배울 곳이 없었다. 그 때, 과외선생님이 아시는 분이 학원을 하신다며 소개해주셨고 나는 그 학원에 가게 됐다. 거기서 나는 김준혁, 김성현, 이민혁과 김경노를 만났다.

경노는 나보다 한 살 어린 동생인데, 미술과 영화를 좋아한다는 공통점이 있어서 쉽게 친해질 수 있었다. 나는 원래 낯을 조금 가리는 편이어서 친해지기 전까지는 말을 잘 걸지 못하는 편이다. 그러나 한두 번씩 만나면서 말을 나누다보면 장난도 치고 서스럼없이 지내는 성격이다. 반면에 경노는 언제나 한결같이 꼭 할 말만 하는 아이다. 그런데 그런 경노가 나에게 무엇을 하자고 '권유' 한 것이다. 그 행동과 말이 너무 신기했고, 봉사라는 말에 호기심이 생겼다.

"응? 어떤 봉산데?"

"우리 전에 세이브 더 칠드런 모자뜨기 할 때 모였던, 멘토샘 집 알지? 한 시간 뒤에 거기서 만나."

가보니 경노 외에 아이들이 몇 명 더 있었다. 경노가 김준혁을 소개해줬다.

"우리가 봉사단체를 만들려고 하는데 경노 말로는 편집을 잘 한다고 하더라. 우리와 함께 봉사를 하면 너의 능력을 많이 발휘할 수 있을 거야."

걔는 푸른솔 생활학교라는 곳에서 봉사를 한다고 했다.

그런데 작년까지 해오던 형과 누나들이 고3이 되어서 이제 잘 못 나오게 됐다면서 잘 도와줬으면 좋겠다고 말했다. 능력이라니! 내가 무슨 초능력자도 아니고 과연 편집을 할 수 있다는 사실만 으로도 봉사에 도움이 될까?

나는 여러 가지 의문이 들었지만 이 애의 표정이 너무나도 진지 해서 거절을 할 수 없었다. 결국 참여하기로 동의를 했고 다들 내가 동의하기를 기다렸던 건지 봉사단 이름을 정하기로 했다.

순우리말이 좋을 것 같다는 의견이 있었다.

우리는 예쁜 순우리말이 뭐가 있을까 고민을 하며 인터넷을 찾아봤다.

우리는 '라온누리'라는 말에 끌렸고 그 이름으로 정했다. 직역 하면 '즐거운 세상'이지만 '학생들의 힘으로 즐거운 세상을 만들어보자!'라는 의미에서 '라온누리 봉사단'이 탄생하게 됐다.

봉사단의 이름까지 정해졌고 우리는 부서를 정해야 했다. 어떤 부서가 있을까 고민하다 여러 가지 의견이 나왔다.

"누나, 사진도 찍고 포토샵도 잘 하잖아요. 홍보부 괜찮지 않아요? PD가 꿈이랬잖아요."

홍보?

홍보라 하면 보통 TV에 나오는 광고를 생각하는데 라온누리 홍보라니, 뭔가 TV에도 나오고 라디오에도 중간중간 흘러나올 것 같은 기분이었다.

어딘가 방송에라도 나올 것만 같은 기분을 느끼며 나는 라온누리 홍보를 맡게 됐다. 일단 우리를 알리려면 카페를 만들어야 하지 않을까? 회지도 만들고, 봉사활동 하는 모습을 찍어 UCC도 만들면 좋겠다는 생각이 들었다. 이런저런 아이디어들이 생각났다.

그런 얘기를 하니 단원들도 좋아했다. 그렇게 한참 홍보에 대한 얘기를 한 후 집에 오기 전 나는 김준혁에게 얘기했다.

"그런데 홍보 일만 하는 게 아니라, 단체 봉사에도 참여해야 하는 거지?"

준혁이 그렇다고 대답했다.

"그래? 그럼 나는 조용한 봉사에 넣어줘."

준혁이가 잠시 갸웃하더니 우선 알았다고 했다. 조금 당황하는 눈치였지만 설명하지 않기로 했다. 봉사활동을 했다고 하루아침에 내가 천사표로 변하는 건 아니니까 확실하게 말해두는 게 낫다고 생각했다.

그리고 다음 주, 준혁이에게 전화가 왔다.
"김청솔, 다음주 봉사활동은 조용할 거야. 독거노인 할아버지 댁에 방문할 거거든. 그러니까 꼭 참석해."
전에 요양원 봉사를 해봤으니 어떤 일을 하면 되는지 대충 알 것도 같았다. 하지만 처음 보는 분과 말동무를 해야 할 지도 모른다는 생각에 조금 막막했다.
할아버지댁은 시장 같은 길을 쭉 올라가 카센터 근처에 있는 곳에서 좀 더 들어가야 했다. 난 그 때 처음으로 일반 주택 밑에 반지하 같은 곳이 있다는 걸 알았다.
예전에 친구 집이 반지하였을 때도 담담했는데 할아버지 댁에 들어가자마자 조금 난잡한 집안 풍경에 당황스러웠다. 관리의 중요성을 알게 됐다고 해야 하나? 우리는 역시 예상대로 할아버지가 계신 방에 들어가서 우리의 소개를 드리고 말동무를 해야 했다.
그런데 할아버지와 애기를 하던 중 바닥을 잠깐 내려다봤는데 작은 바퀴벌레 한 마리가 있었다. 나는 할아버지 앞이라 소리를 지르지도 못하고 앞에 앉아있던 임현석을 빠르게 툭툭 쳤다.
"야, 여기 바퀴벌레 있어! 빨리 잡아봐!"

작게 말하면서 손가락으로 바퀴벌레를 가리켰다. 임현석이 옆에 있던 휴지로 꾹 눌러 잡았는데 정말 무서웠다. 나는 결국 얼마 안 지나서 후다닥 방을 빠져나왔고 얘기를 하는 내내 바닥을 가끔씩 살펴야 했다.

봉사가 끝나고 나와서 나보다 먼저 갔던 성지은에게 할아버지에 대한 얘기를 들을 수 있었다. 김준혁이 다니는 교회의 권사님께서 저소득층인 분들을 상담하러 다니시는데 우리 봉사단의 얘기를 듣고 할아버지를 소개해주셨다고 했다. 할아버지는 눈 한 쪽이 실명되셨고 나머지 한 쪽도 시력을 잃어가고 있었다. 그리고 청력도 나쁘셨다. 양로원에 계신 분들보다 더 상태가 안 좋아 나는 할아버지가 오히려 양로원에 계셔야 하지 않나 하는 생각이 들었다.

할아버지의 상황을 알게 된 우리는 할아버지댁에 주말마다 들르기 시작했다.

할아버지를 만나면서 우리는 할아버지의 생신을 알게 됐고 할아버지 생신에 맞춰 시간이 되는 나를 포함한 성지은, 김성현, 김준혁 등 몇몇 애들이 산곡동 롯데마트 앞에 모였다. 우리는 미역국을 끓일 재료를 사기 위해 마트로 들어갔다. 그런데 문제가 생겼다. 우리에게는 미역국을 끓일 만한 충분한 시간이 없었다.

결국, 단원 중 한 명이 인스턴트 미역국을 사자고 했다. 나는 싫다고 말했지만 미역국을 끓이는 과정에 대해 듣고 어쩔 수 없이 인스턴트 미역국을 사는 것에 동의할 수밖에 없었다. 그래도 여전히 생신인데 인스턴트 미역국은 좀 그렇다는 생각이 들었다. 성지은의

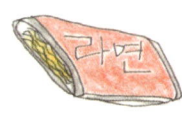말 중에 할아버지께서 종종 라면을 드신다는 말이 생각나 꺼림직한 상태로 할아버지댁에 들어갔다.

'안 그래도 매일 라면을 드시는데 인스턴트 미역국을 드려서 어떻게 하지……'

남자 아이들은 청소를 시작하고, 나와 지은이가 식사를 준비했다. 인스턴트 미역국이라도 난생 처음 끓여보는 거라 긴장이 됐다. 설명서대로 물을 붓고, 끓이다가 미역과 양념 블록을 넣었다. 조금 끓이자 다행이 진짜 미역국 같아 졌다. 그나마 다행이라는 생각을 하며 밥상을 차렸다.

"할아버지 생신 축하드려요."

할아버지께서 숟가락을 드시고 제일 먼저 미역국을 드셨다.

그런데 한 수저만 드시고 그냥 계셨다.

'맛이 없나?'

걱정이 됐다. 그런데 "고맙다"고 말씀하시는 소리가 들렸다. 할아버지께서 숟가락을 내려놓으시고, 잘 안보이시는 한쪽 눈으로 우리의 얼굴을 보시려고 노력하시면서 계속 고맙다고 하셨다.

할아버지께서 울먹이시자, 아이들 중 몇 명이 따라 울기 시작했다. 나도 마음이 울렁거렸다. 하지만 울진 않았다. 말을 많이 하지 않지만 표정이나, 말투를 통해 좋은 기분, 나쁜 기분이 그때그때 드러난다.

그런데 슬픈 감정에 대해서는 무딘 편이다. 영화를 좋아하지만,

감동적인 영화를 보며 운 적도 없다. 무덤덤하게 감동적인 스토리구나 생각을 하는 편이었기에 할아버지의 고맙다는 말씀에 대해서도 내가 다음부터 좀더 잘해야겠다고 마음을 먹었다. 내년 생신에는 꼭 미역국 끓이는 법을 배워서 더 맛있게 끓여야겠다고 다짐했다.

다른 최선

라온누리 활동을 꾸준히 하면서 다양한 봉사를 하게 됐다.

처음엔 많은 활동을 해야 하는 봉사를 원하지 않아서 청천동 할아버지 댁을 주로 방문했는데, 재능기부 활동을 계기로 푸른솔 학교에서도 봉사 활동을 하게 됐다.

푸른솔 생활학교에서 '서구아동청소년이 만드는 마을축제'와 '정서진박람회', '수원화성과 행궁 답사' 봉사에 참여했다. 그러면서 아이들과도 친해져 삼성꿈장학기금으로 동아리수업에서 편집부장을 맡게 되었다. 나는 푸른솔 아이들의 활동을 회지로 만들어서 선물하고 싶었다.

그래서 12월부터 3월 초까지 있었던 일에 대한 푸른솔 창간호를 만드

는 일 등을 재능기부로 했다. 특히 푸른솔 창간호는 내가 해본 작업 중 가장 힘든 작업이었다.

부평 풍물대축제에서 라온누리를 홍보하기 위해 표지를 포함한 4페이지짜리 작은 홍보책자를 만든 게 처음이었는데 그 때 아쉬운 점이 많이 있었다. 사진이 화질이 너무 안 좋아 라온누리 아이들의 얼굴이 깨져서 나왔고 책자의 내용도 부실했었다. 하지만 좀 더 많이 내용을 넣어서 만들기엔 시간이 부족했기에 그 정도로 만족을 했어야 했다. 또한 12월에 열린 라온누리의 첫 바자회 때에도 홍보 전단지를 만들었는데 그 때도 여전히 아쉬움이 남아있었다.

하지만 그 덕분에 힘들지만 푸른솔 창간호에서는 어떻게 하면 잘 될지 감이 잡혔던 것 같다. 물론 성지은과 김준혁, 김경노, 김성현, 영환이, 정연이 등 친구들과 후배들의 도움 덕분에 초반에 막막했음에도 불구하고 생각보다 훨씬 좋은 책자가 나올 수 있었다.

꾸준한 공부가 필요한 시기인데도 봉사활동을 다니는 내 모습을 부모님은 적극적으로 지지해 주셨다. 전보다 참을성도 많이 생기고 무엇보다 좀 더 여유 있는 소통이 가능해진것 같다며 좋아하셨다.

맞는 말씀인 것 같았다. 전에는 좋은 것만 듣고 싫은 건 안 들으려고 하는 성향이 있어서 오해가 생기기도 했다. 그래서 이런 일을 해결하기 위해 아이들의 말을 경청하려고 노력하였다.

어려운 분들을 뵈면 대부분의 아이들은 울거나 슬퍼한다. 그런데 나는 솔직히 답답하고 화가 난다. 그런 상황을 만든 원인이 궁금하고, 그걸 해결할 방법을 빨리 찾고 싶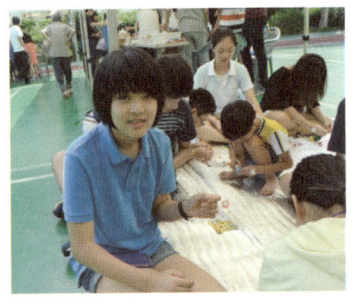다는 생각을 하게 된다. 봉사를 하면서부터 피디수첩이나, 시사고발 같은 프로그램을 많이 보게 된 것 같다.

내가 실제로 보았던 것과 비슷한 주제, 예를 들어 장애가 있는 형제를 노예처럼 부리고 그들의 수급비를 빼앗아 쓴 가족들, 자기 자식을 학대하는 부모, 연로하신 부모님을 버리고 도망간 자식들의 이야기를 다룬 프로그램을 보면 나는 나도 하루빨리 피디가 되어서 저런 부당한 일들을 고발하고, 개선방향을 찾고 싶다는 생각을 하게 되었다.

이런 생각과 마음이 들어서 눈물보다는 화가 나는 것인데, 아이들은 날 두고 냉혈한이나 감정 없는 사람이라고 부르곤 했다. 하지만 나는 꼭 내가 일반적인 아이들처럼 슬퍼해야만 한다고 생각하지 않는다. 누군가는 슬픔을 느껴야 하지만 누군가는 그 상황을 객관적으로 인식해서 고발할 수 있어야 하기 때문이다.

나는 그 후자의 역할을 하기 위해 PD라는 직업을 택했고, PD가 되어서 이런 상황을 많은 사람들에게 알려 인식을 개선시키고 싶다. 그래서 나는 내가 지금까지 해온 모든 과정이 그런 프로그램을 만들기 위한 준비 단계라고 생각하기로 했다.

라온누리 봉사단을 홍보합니다

중간고사를 앞둔 9월 어느 날, 나는 기다란 홍보 띠를 두르고 부평 풍물축제에 서 있었다. 손에는 밤새워 만든 라온누리 홍보 전단을 들고 있었다.

"라온누리입니다."

"안사요!"

"물건이 아니고 봉사단 홍보 전단 이에요."

"안 해요."

나 같으면 꼬박꼬박 대답 할 시간에 홍보지를 받아 줄 것 같은데, 파마머리 아줌마는 대답만 하고 얼른 다른 곳으로 구경을 가 버렸다. 나는 홍보지를 들고 멍하게 아줌마 뒷모습을 보다가 전단

지를 내려다 봤다.

여러 날 밤을 새워서 만든 전단지 인데…… 주변을 둘러보니 바닥에 버려진 전단지가 보였다. 갑자기 기운이 쭉 빠졌다. 그런데 저쪽에서 누군가 전단지를 줍고 있는 게 보였다. 자세히 보니 안대를 한 김준혁이었다. 한쪽 눈을 가려서 그런지 더 듬더듬 전단지를 줍는데 그 모습이 할아버지 같아서 혼자 웃다가 김준혁에게 크게 소리쳤다.

"김준혁! 너 때문에 도망도 못 가겠잖아! 그만좀 열심히 해!"

중간고사를 앞 둔 9월, 준혁이가 심한 눈병에 걸렸다.

그래서 학교와 학원도 못 가고 쉬었던 모양인데, 하라는 휴식은 안하고 라온누리 홍보 계획을 세워 왔다.

"풍물축제에서 전단지를 나눠주자고?"

남들 앞에서 민망하게 그런 일을 해야 한다니. 심지어 모두가 시험 기간인데 이렇게 무모 할 수가 있나 싶었다. 그리고 다른 애들이라도 만나면 어쩌나 하는 생각도 들었다.

"이번 기회에 라온누리와 푸른솔 생활학교의 사정도 알리자."

나는 고개를 절래절래 흔들었다.

"안 돼, 김청솔! 이번에는 니 힘이 꼭 필요해."

평소 김준혁답지 않은 단호한 대답이었다.

"이번에 청솔이 네가 해줄 일이 많아. 티셔츠 디자인도 필요하고, 띠 색깔이랑 글씨체, 그리고 홍보 브로셔도 만들어야 해."

그 순간, 머릿속에서 '풍물축제'라는 단어는 사라지고 '티셔츠 디자인', '포토샵', '홍보 브로셔'라는 글자들만 둥
둥 떠다녔다. 너무 재미있을 것 같다는 생각이 들었
다. 나는 나도 모르게, '나 그런 거 완전 좋아! 당장
하자!'라고 대답해 버렸다.

   그리고 축제날까지 정말 죽도록 고생을 했다.

   지은이와 함께 단체 티를 고르고, 옷에 들어갈 그림을 의논하고 끝도 없는 수정 작업을 했다.

   그 다음 홍보물을 만들어야 하는데 마땅한 장소가 없었다. 그래서 정기 모임장소를 빌려주시는 멘토쌤에게 부탁드려 그 집 거실에서 밤을 새가며 작업을 했다.

   이틀 연속 밤을 새니 피곤해서 자꾸 짜증이 났다. 그런데 단장인 김준혁이 이것, 저것 추가사항을 얘기하며 계속 수정을 요구했다.

   "청솔아 미안한데, 푸른솔 얘기도 좀 더 넣자. 그리고 후원신청서도 만들어서 덧붙이면 어떨까?"

   안 그래도 지쳐 있던 나는 결국 김준혁에게 소리를 빽 지르고 말았다.

   "자꾸 시키지 말고 니가 와서 해."

   그리고 두 시간 후, 퉁퉁 부은 눈에 안대를 붙인 김준혁이 멘토쌤 집으로 찾아왔다. 준혁이는 그 상태로 브로셔 디자인 파일을 받아 인쇄소에 맡기고, 우드락이며 필요한 물품들을 사다줬다.

　그때까지만 해도 원래 만들기로 했던 티셔츠, 브로셔, 홍보전단, 후원신청서 중 몇 개는 완성 못 할 거라고 생각했다. 시간을 핑계로 내가 먼저 포기한 것이다.
　나는 마음을 바꿔 어떻게든 모두 만들어 봐야겠다고 생각했다. 누구는 한쪽 눈을 가리고도 저렇게 열심히 하는데, 나는 아픈 곳도 없이 쌩쌩한데 조금 피곤하다는 이유로 포기하는 건 비겁하다는 생각이 든 것이다.

　다음 날 디자인을 수정하고 있는데, 인쇄소에서 홍보전단을 찾아가라는 연락이 왔다.
　경노에게 연락해보니 너무 멀리 있어 안 돼서 하는 수 없이 다시 김준혁에게 부탁했다.
　준혁이는 한마디 싫은 소리도 없이 인쇄물을 찾아다 주었다. 그리고 오는 길에 음료수까지 사서 같이 들고 왔다. 모의고사도 못 볼 만큼 눈병이 심한데 아랑곳없이 뛰어 다니는 모습이 참 대단해 보였다. 그때 나도 모르게 저런 성실함은 배워야겠다고 생각했다.
　그때 그런 생각을 하는 내가 신기했고 오늘 풍물축제에 서 있는 내 모습도 신기한 기분이 들게 했다. 내가 조금은 변한 것 같다는 생각이 든다.

　라온누리 활동을 하며 전에는 생각도 못 한 일들을 하나씩 하게 되었다. 풍물 축제를 통해 푸른솔을 후원해 주실 분을 다섯 분이나 찾았다. 나는 진심으로 기뻤다. 남의 일에 그렇게 기뻐해 본 것, 솔직히 처음이었다.

해피엔딩

 어느 날, 나와 지은이는 굿모닝 인천 잡지를 보다가 '우각로 문화마을'에 대해 알게 됐다. 문화마을이라고 하니 라온누리 애들이 생각났다. 아무래도 우리가 산곡동 달동네 길거리 청소나 다문화 가정 멘토멘티 같은 활동을 하고 있으니 기분 전환으로 문화마을에서 체험 활동을 하는 것도 나쁘지 않아보였다. 그래서 지은이랑 먼저 답사를 가보기로 했다. 우리가 갔을 때, 우각로 문화마을은 우리의 생각과는 많이 달랐다.
 우각로 문화마을은 아직 많이 활성화되어 있지 않았다.

 그래서 이곳의 사정을 알게 됐을 때 우리는 적극적으로 돕겠다고 약속했다. 그리고 매주 시간을 맞추어 숭의동으로가 봉사활동을 했다. 초기에는 청소나, 페인트칠 이런 활동들이 전부였는데, 예술가 선생님들과 대화를 나누고 우리가 잘 하는 것들에 대해 말씀드리게 된 후부터는 참여하게 되었다.
 나는 그 중에 '숭의동 지도'를 디자인 하는 일을 맡게 되었다.

숭의 우각로 주민자치센터에서 근무하시는 주사님이 숭의동 홍보책자에 마을지도를 꼭 넣고 싶은데, 라온누리에서 만들어 주면 더 뜻 깊을 것 같다고 제안하셨다.

그 무렵 나는 푸른솔 생활학교 회지 작업도 하고 있었다. 숭의동에서 진행될 문화체험 활성화 방안에 대한 구체화 작업과, '멘토링 수업기획안', '숭의동 아이들과 함께 하는 마을신문 만들기'를 동시에 진행하고 있었다. 단장인 준혁이가 일이 너무 많은데 이것까지 할 수 있겠냐고 물었다. 나는 할 수 있다고 대답했다. 지금까지 주로 회지를 만들었는데, 지도를 디자인 하다니 너무 재미있을 것 같았다.

마을의 특징을 잘 살려 디자인 하기위해 '숭의동 우각로'에 대해 조사를 시작했다.

조사해 보니 숭의동 우각로는 인천에서 한양으로 올라가던 길의 이름에서 유래된 것이었다. 우각로라고 이름이 붙은 까닭은 길 모양 때문이었다. 길의 모양이 소의 뿔모양을 닮았다고 해서 쇠뿔고개로 불렸다는 설도 있었다.

그리고 보니 실제 길의 모양이 소의 뿔을 연상하게 했다. 나는 뿔이미지가 좋다고 생각했다. 예전에 어느 책에서 고대부터 '뿔'은 성공과 꿈을 의미한다는 걸 읽은게 기억이 났다. 나는 길의 모양과 유래를 살려 소뿔 모양의 지도를 구상했다. 밑그림을 그리고 포토샵으로 디자인하고, 여러 가지 색깔을 입혀 보느라 꼬박 이틀 밤을 샜다. 그리고 마침내 '숭의동 우각로' 지도를 만들었다.

지도를 완성하고 프린트를 해 단원들에게 보여줬다. 단원들도 마음에 든다며 괜찮다고 칭찬을 해줬다. 쑥스럽긴했지만 기분이 좋았다. 나는 내가 디자인한 지도를 주사님께 제출했다. 주사님도 학생작품이라 조금 걱정했는데, 잘 나왔다며 홍보책자에 바로 싣겠다고 말씀하셨다.

푸른솔 창간호에, 지도까지 만드느라 한참동안 숭의동에 가지 못했다. 지도 디자인을 마치고 오래간만에 숭의동에 가본 나는 깜짝 놀랐다. 마을에 내가 계획해서 제안한 벽화가 진행되고 있었다.

나는 벽화를 그리고 계신 이성민 선생님께 인사를 드렸다.

"선생님 힘들지 않으세요?"

"더 힘들어도 되니까, 숭의동 예술마을이 유명해져서 더 많은 사람들이 왔으면 좋겠어. 그럼 주민들도, 아이들도 살기가 더 좋아질 거야"

김청솔 작

지도를 만드느라 이틀 밤을 새면서, 단원들에게 생색을 좀 냈는데 부끄러웠다. 나도 더 열심히 해야겠다는 생각이 저절로 들었다.

예뻐진 마을을 둘러보면서 기분이 좋아졌다. 마을이 밝아지니 골목에서 놀고 있는 아이들의 표정도 밝아진 것 같았다. 나는 이 놀라운 변화를 영화를 만들면 얼마나 좋을까 생각하게 되었다.

처음 쓰레기만 즐비해서 흉가마을 같았던 이곳에 사람들이 모여들고, 청소가 시작되고, 그 과정에서 서로 다투기도 했지만 중간중간 작은 파티를 하면서 화해를 하고 서로서로 소통해가면서 마을도 다시 살아나는 모든 과정이 정말 좋은 영화가 될 것 같았다.

그리고 어딘가에 예전 숭의마을처럼 개발이 멈춘 동네가 있다면, 그곳에 사는 사람들이 그 영화를 보고 희망을 가졌으면 좋겠다는 생각이 들었다. 우리 마을도 숭의 마을처럼 예뻐질 수 있다는 희망을 갖게 된다면 참 좋을 것 같다.

포기하지 않으면 어떤 일이든 해피엔딩 영화가 된다는 생각이 들었다. 라온누리 활동을 하면서 그것을 확실하게 깨닫게 되었다. 정기적으로 활동해야 한다는 것 때문에 라온누리 가입을 망설였는데, 지금 보니 꾸준히 한 것이 정말 큰 도움이 된 것 같다.

나는 평소 아이들을 좋아하는 편이 아니다.

만약 봉사활동 점수 같은 것 때문에 푸른솔 학교에 한 번만 갔다면 나는 그 이후로 가지 않았을 것이다. 처음 보는 나에게 어떤 아이는 나가라고 소리를 지르고, 어떤 아이는 나에게 침을 뱉었다. 다시 가고 싶을 리가 없었다. 게다가 나는 싫어하는 건 절대 하지 않는 편이다. 확실하게 싫다고 말하고, 그만 두는 편이다. 하지만 라온누리에 가입한 이상 선택 할 수 없는 일이었다.

그렇게 두 번, 세 번 다시 한 달, 두 달이 되면서 다른 것들을 보게 됐다. 처음 본 나에게 소리를 지를 수밖에 없었던 그 아이의 상황, 침을 뱉는 게 나쁜 행동이라는 걸 가르쳐 주는 어른이 없어서 아이는 그게 잘못인 줄도 몰랐던 것이다.

우리와 함께 활동을 하면서 그랬던 푸른솔 아이들이 밝아지고, 좋게 변하는 나는 아이들의 그런 이야기를 남기고 싶어 푸른솔 책자를 열심히 만들게 됐다. 그 과정에서 다시 한 번 아이들과 친해지게 됐다.

중학교 1학년 진후는 아기자기한 것을 좋아하는 여자아이다. 내가 그림을 그리니 나와 친해지고 싶어서 말을 많이 걸었다. 진후는 첫만남 이후 다시 만났을 때 내가 진후 이름을 못 외우고 있어서 아주 속상해 했다. 그 모습을 보면서 내가 누구를 버릇없다고 탓할 처지가 아니구나, 아이들 이름도 안 외우고 나도 예의가 없었구나 깨닫게 되었다.

푸른솔 생활학교에서는 대부분 아이들의 학습 지도와 생활 지도를 함께 해야 해서 힘들었다. 하지만 우각로 문화마을에 냈던 제안서가 많은 지지를 받아 아이들과 신문 만들기 프로그램을 진행하게 되었을 때는 조금 달랐다.

푸른솔 생활학교의 아이들은 인원수가 너무 많아 내가 감당하기는 버거울 정도였다. 그래서 가끔 넋을 놓고 설렁 설렁 대답하는 경우가 있었는데 우각로 문화마을의 편집부는 딱 5명. 간결하고 단순했으며 애들 이름 외우기도 버겁지 않았다! 아마 푸른솔 생활학교에서의 단련 덕분이었을 것이다. 이처럼 현장 체험은 무엇과도 바꿀 수 없는 소중한 것이다.

우각로 문화마을에서 아이들을 가르치면서 푸른솔 생활학교와는 많이 다르다는 걸 느꼈다. 가끔 비속어를 사용해서 당황스럽게 만들었지만 나름대로 재미는 있었다. 예를 들어, 원준이의 그 애교는 사람을 어이없게 만들어 웃을 수밖에 없게 했다. 그리고 원준이와 민호가 티격태격 하면서 서로 '썩어!'라고 외치는 모습에 정연이와 나는 크게 웃었다.

'썩어'라는 말이 애들 싸움에 들어가니 웃긴 말이 될 줄은 몰랐다. 애들도 그런 말에 우리가 반응할 줄 몰랐던지 덩달아 웃었다. 아이들의 밝은 모습을 보니 우리들도 같이 신이 났다.

그리고 얼마 전 우각로 문화마을에서 활동하시는 안상호 감독님과 함께 '우각로 문화마을 단편영화 만들기'라는 프로그램을 시작해 우각로 문화마을을 배경으로 영화 시나리오를 짰다.

그리고 영화작업이 곧 진행될 예정인데, 거기서 나는 내가 가장 관심 있어 하던 촬영을 맡게 됐다. 작품에 들어가는 장면을 내가 직접 촬영할 수 있게 된 것이다.

"그동안 봉사활동을 하면서 숭의 마을에 대해 잘 알게 되었으니 외부에서 촬영감독이 오는 것보다, 청솔이가 더 잘할 것 같다." 라고 말씀해주시는데 너무 신나고 감사했다. 나는 최선을 다해야겠다고 결심했다.

그리고 이번에 제작되는 건 '단편영화'니까, 다음에 내가 대학

공부를 마치고 정식으로 PD가 되면 이번 경험을 살려 우각로 문화마을 예술인들과 주민 분들에 대한 다큐멘터리를 찍어보고 싶다는 생각을 했다.

숭의동을 중심으로 마주하게 된 전혀 다른 두 개의 집단이 숭의동을 위하는 마음으로 소통되는 모습이 아주 인상적이었기 때문이다. 다큐멘터리로 만들고 싶은 또 하나의 이유는 벽화를 그린 선생님의 말씀이 마음에 와 닿았기 때문이다.

"더 힘들어도 되니까, 숭의동 예술마을이 유명해져서 더 많은 사람들이 왔으면 좋겠어. 그럼 주민들도, 아이들도 살기가 더 좋아질 거야."

선생님의 진심을 나도 느낄 수 있을 것 같았다. 내가 조금 더 힘들어져도 모두 살기 좋아진다면, 그건 좋은 일임에 틀림없다. 그리고 그런 마음을 공감할 수 있게 된 것은 나에게도 좋은 일이라는 걸, 이제는 알 것 같다.

전에는 타인과의 '공감'이라는 것에 대해 많이 생각하지 못했던 것 같다. 나는 내 마음에 대해 비교적 정확하게 말을 하는 편이다. 싫으면 싫다고 하고, 좋으면 좋다고 한다. 그런데 모두 그렇게 자기 의사를 정확하게 표현하며 살지 않는다는 걸 봉사를 통해 알게 됐다.

마음에 상처가 있는데 그걸 들킬까봐 말을 많이 하지 않는 사람도 있고, 푸른솔 아이들 같은 경우에는 부모님과 대화할 기회 없이 생활해서 대화 방법 자체를 모르는 경우도 있었다. 그런 경우에는 내가 상대의 마음을 먼저 알아 챌 수 있도록 관심을 갖는 게 필요했다.

나는 봉사를 하면서 궁금해져서 그 아이를 관찰하게 됐다. 그러다 그 아이가 정에 약한 아이라는 것을 알게 됐다.

꾸준히 나오던 봉사자가 안 나오면 아이는 그 봉사자를 그리워한다. 그런데 초등학생이니 핸드폰이나 이런 것도 없어서 먼저 연락할 수도 없다. 아이는 계속 기다리다 상처를 받고 쌀쌀맞게 구는 것이었다.

나는 생각보다 많은 아이들이 그런 상처와 그런 생각들을 안고 있다는 것에 놀랐다. 그리고 그런 마음도 모르고 신경을 꺼버린 태도가 참 냉정했다는 것을 알게 되었다.

라온누리를 통해 '관심'은 세상을 크게 보는 '돋보기' 같다는 걸 알게 됐고, 이 다음에 내가 사회 구원성으로서 역할을 하게 된다면, '돋보기' 같은 역할을 하고 싶다고 생각하게 됐다.

너무 흔해서 인식하지 못하고 지나친 것들을 내가 먼저 관찰하고, 그것을 진솔하게 담아내 사람들에게 전달해주고 싶다. 그래서 나처럼 미처 몰라서 '소통'을 잊은 채 사는 사람들에게 '관심'을 가질 기회를 주는 다큐멘터리를 만들고 싶다.

그 작품을 통해서 어려움에 처했지만 자기의 입장을 설명할 수 없었던 사람들이 후련함을 느꼈으면 좋겠다. 그리고 도와줄 수 있는 능력이 있는 사람이 많이 있지만 그것을 몰라서 지나친사람들에게 내가 만든 다큐켄터리를 본 다음부터라도 서로에게 관심을 갖는 계기가 되었으면 좋겠다.

그리고 이 책을 통해서 많은 학생들이 그냥 청소나 하고 시간만 받는 봉사가 아니라 좀 더 다양한 분야로 확장시키는 안목을 얻었으면 한다. 그리고 만약 우리처럼 봉사를 하고 싶다면 주변에 관심을 갖길 바란다!

나도 처음엔 내 주변에 이런 동네가 있었는지, 이런 사람들이 사는지 몰랐다. 하지만 봉사를 통해 내 주변을 인식하기 시작했다.

아마 나와 같은 사람들도 많을 것이다.

혹시나 봉사라는 게 어떤 의미를 갖는지 모른다면 일단 간단한 시작부터 해보면 어떨까? 그러다보면 꼭 우리처럼은 아니더라도 자신만의 개성과 재능에 맞는 봉사를 할 수 있게 될 것이다.

마지막으로, 주 5일제가 실행되고 있지만 많은 학생들이 제대로 시간을 갖고 봉사를 하지 못하고 있다. 봉사만 그런게 아니다. 자신의 진로를 결정할 시간과 기회를 잃고 있는 학생들도 많다. 이런 친구들에게 이 책을 통해 하고 싶다. 할 수 있다. 해 보고 싶다는 목표와 자신감을 갖게 되기를 바란다.

"산다는 것은 꿈꾸는 것을 말한다. 현명한 것은 즐겁게 꿈꾼다는 뜻이다."라는 프리드리히 실러의 말처럼 모두가 현명하게 살아갔으면 한다!

5

김경노 | 부광고등학교 2학년

나는 이 세상에 필요한 사람이라는 확신을 믿었다

나는 자기 마음을 이야기 하지 못하는 사람을 위해 영화를 만들고 싶다. 그 분들을 잘 지켜보고 그 모습을 잘 담아서, 그 분들이 혼자가 아니란 걸 알게 해주고 싶기 때문이다.

• 봉사기간: 9년 (초3 ~ 현재)

민성이는 내 열매

　　내가 초등학교 3학년이던 어느 날, 어머니를 따라 봉사활동을 가게 됐다.
　　처음부터 가려고 했던 건 아니었다. 어머니는 늘 봉사활동을 다니셨는데, 그때 어머니가 돌보는 친구들이 내 또래라고 하셨다.
　나는 나와 나이가 비슷한 또래를 도울 일이 없을 거라고 생각했고, 재미있을 것 같지도 않았다. 그런데도 어머니와 형은 계속 가자고 했다.
　"주말에도 다 바빠서 각자 보내니까 셋이 모일 시간이 없잖아. 그러니 이참에 봉사도 하고 가족끼리 놀러도 가고 좋잖아!"
　　그날은 마침 예고를 희망하는 형이 대회에 나가야 해서 어머니 혼자 가시게 됐다고 한다. 그래서 어머니 혼자 가시는 게 좀 그렇다면서 형이 유난히 부탁을 했다. 아버지께서는 일찍부터 일이 있으셔서 집에 같이 있어줄 사람도 없었다. 나는 형을 무척 따르기 때문에 할 수 없이 한 번만 가준다는 식으로 따라나섰다.
　'혼자 집에서 놀고 싶어요.'
　그 생각만 하면서 어머니를 따라 처음으로 부평구 건강지원센터에 가게 됐다.
　도착해보니 그곳은 장애우 친구들을 돌보아 주는 곳이었다. 거기서는 장애우 친구들을 열매라고 하고 봉사자를 단비라고 부른다. 봉사자가 단비가 되어 열매가 잘 자랄 수 있도록 가족처럼 돌봐야 진정으로 행복한 나무가 된다는 의미를 담고 있다고 했다. 어머니는 그동안 어머니가 담당해 왔던 '이민성'(가명)이라는 아이를 소개해주셨다.

"이 친구가 우리 열매 민성이야, 민성아 이쪽은 김경노야."

나보다 한 살 어린 민성이는 고집이 세고, 좀 제멋대로인 것 같았다. 내가 인사를 해도 본체만체 해서 나도 더 이상 말을 걸지 않았다.

어머니는 늘 하시던 대로 민성이와 프로그램을 하셨고, 심심해진 나는 마당으로 나갔다. 다들 교실 안에서 수업을 하는 중이라 마당 주변에 핀 꽃이랑, 바닥에 기어다니는 개미들을 보여 시간을 때우고 있는데, 갑자기 어머니가 나를 불렀다.

"경노야! 경노야!"

큰 일이 난 것 같았다. 그래서 얼른 달려가 보니 민성이가 없어졌다고 했다. 부족한 준비물을 가지러갔다 와보니 민성이가 없어진 것이다. 나는 마당에 계속 있었는데 민성이가 나오는 건 못봤다고 했다. 어머니가 그럼 여기서 계속 있으면서 민성이가 밖으로 나가지 못하도록 해달라고 했다. 나는 알았다고 했다.

한 참을 건물 현관과 정문만 보고 있는데 어머니가 다시 날 부르는 소리가 났다. 가보니 어머니가 민성이의 손을 꼭 잡고 있었다. 민성이는 저쪽으로 가고 싶다며 계속 어머니를 땡겼다. 어머니의 얼굴이 엄청 피곤해 보였다. 땀이 많이나서 화장도 지워져 있었다. 나는 순간 화가 나서 "야! 너 그만해!"라고 소리를 질렀다.

그런데 민성이라는 아이는 내말을 들은 체도 안 하고, 어머니는 나한테 도리어 뭐라고 하셨다.

"김경노 처음 본 친구한테 그게 무슨 매너야, 너 집에 가면 어머니랑 얘기 좀 해."

나는 어머니가 힘들까봐 그런건데, 괜히 혼만 나니 기분이 안 좋아졌다.

그런데 어머니는 그 다음주에도 나에게 함께 가자고 하셨다. 나는 내키지 않았지만 지난주에 소리를 지른 것도 있고 해서, 따라가기로 했다. 두 번째 간 날도 나 혼자 놀았다. 어머니는 나에게 아무것도 시키지 않으시면서 매주 나를 봉사활동에 데리고 가셨다.

그러자 나도 슬슬 심심해졌다. 이왕 온 건데 아무것도 안하다는 게 더 재미없다는 생각을 하게 됐다. 나는 교실로 들어가 어머니와 민성이가 하는 게임을 보았다. 작은 홈이 있는 판에 길쭉한 블록 들을 꽂는 건데, 민성이는 잠깐도 집중하지 못하고 딴 짓을 했다. 보니까 다른 애들은 곧잘 하는데, 민성이가 제일 느렸다.

나는 민성이 대신 블록을 꽂았다. 한 참 꽂고 있는데 민성이가 박수를 쳤다. 자기 판에 블록이 많이 꽂힌걸 보고 기분이 좋아진

것 같았다. 별 것 아닌데 좋아하니 내 마음도 편해졌다.

나는 민성이가 내 생각보다 좋은 아이인 것 같다고 생각했다. 센터에서는 장애우 친구들을 '열매'라고 불렀다. 나는 민성이를 내 열매라고 생각하기로 했다. 아니 정확하게 말하면 어머니와 나의 열매이다.

그날부터 나는 꾸준하게 봉사 활동을 갔다.
대부분은 부평구건강지원센터에서 시간을 보내는데 아주 가끔 민속촌이나, 치즈 만드는 곳으로 견학을 갔다. 그런데 그 시간들이 참 힘들었다.

견학을 간다는 말에 처음엔 나도 막 들떴다.

구경도 많이하고, 치즈 만드는 곳에가면 치즈도 실컷 먹겠구나 생각했는데, 하루 종일 뛰어다니느라 밥도 제대로 못 먹었다. 장애우 친구들은 호기심이 많아서 한 눈을 잘 판다. 조금만 신기한 게 보이면 그쪽으로 눈 깜짝 할 사이에 사라졌다.

처음엔 나도 구경을 하느라, 여러 번 민성이를 놓쳤다. 나중엔 구경을 포기하고 민성이만 보게 되었다. 나는 그때야, 내가 놀러온 게 아니고 봉사를 왔다는 실감이 났다. 내가 보고 싶은 것이 있어도, 민성이가 반대로 가버리면 구경 할 수 없었다. 민성이가 없어지거나 다치지 않도록 민성이를 보아야했다.

그렇게 민성이와의 시간이 시작됐다.

민성이는 센터의 어떤 애들보다도 조금 유별났다. 소리도 크게 지르고, 말도 많이 하고, 먹는 것도 유난히 좋아했다. 그리고 아토피가 있었는데, 음식을 먹다가 음식을 묻힌 채로 자꾸 몸을 긁었다. 목이나 다리에 김치국물이나, 과자 부스러기가 범벅되어 있는 걸 보면 내 몸도 막 가려운 것 같았다.

다행이 시간이 지나면서 아토피가 점점 좋아져서 민성이가 몸을 긁는 일이 적어졌다. 나는 내 몸에 간지러운 게 없어진 것처럼 기분이 좋아졌다. 민성이가 걱정되었다기 보다는 정말 간지러운 느낌이 싫었던 거라 민성이 한테 괜히 미안한 마음이 들었다.

민성이와 제일 좋았던 건, 민성이도 영화를 좋아 한다는 거였다. 무슨 얘기를 하던 중에 자기가 좋아하는 영화의 장면이 떠오르면 하루 종일 그 얘기만 했다. 가끔 내가 좋아하는 영화를 이야기하면 나는 맞장구를 치며 아주 재미있어했다. 그럴 땐 진짜 친구랑 말하는 기분이 들었고, 그 시간이 즐거웠다.

나는 봉사 활동에 자신감이 붙었다.

어느 날, 어머니가 일이 생겨 못가신다고 했는데 내가 민성이를 잘 돌보겠다고 장담을 했다. 나는 꼭 잘해내서 칭찬을 받아야겠다고 생각했다. 나는 센터에 가는 길에 마트에 들려 김밥과 과자를 샀다. 먹을 걸 좋아하는 민성이에게 선물로 주려고 산 것이다.

점심시간 민성이에게 김밥을 주니 굉장히 좋아했다.

과자까지 본 민성이는 허겁지겁 김밥을 먹고 과자를 달라고 했다. 과자를 주니까 한봉지를 거의 마시듯 먹어버렸다. 두 봉지, 세 봉지 계속 과자를 먹어치웠다. 그 모습을 보니 슬슬 겁이났다. 저러다 배탈이라도 나면 어쩌지? 그런데 역시나.. 큰 일이 나버렸다.

과자를 먹고 난 몇 시간 뒤 민성이 울면서 나를 계속 때렸다. 나는 무슨 이유인지 몰랐다. 그 때 대변 냄새가 진동했다. 나는 너무 당황했다. 기분이 나빠진 민성은 울기 시작했다. 나는 경태형이란 형에게 우선 도움을 청했다.

나와 형은 민성이를 데리고 화장실로 갔다. 형이 민성이를 달래 얼른 바지를 벗게 했다. 엄청난 냄새가 화장실에 진동했다. 하지만 나는 내 잘못도 있다는 생각에 냄새 탓을 할 여유도 없었다. 선생님께 받아온 물티슈로 엉덩이를 닦아주고, 다시 물로 닦아줬다.

그리고 민성이의 가방에 있던 여벌옷으로 갈아입혔다. 형과 같이 벗어놓은 바지와 속옷도 빨았다. 화장실에 세탁비누가 있어서 깨끗하게 빨 수 있었다. 우리가 빨래를 하는 동안 민성이는 물장난을 했다. 기분이 많이 좋아진 것 같았다. 다행이라는 생각이 들었다.

 빨래를 다한 다음 형과 함께 각자 한 쪽 끝을 잡고 빙빙 돌려 빨래를 짰다. 그걸 본 민성이가 자기고 하고 싶다고 했다. 그래서 하게 해줬더니, 서로 반대로 돌려야 하는데 자꾸 같은 방향으로 돌렸다. 그러다 옷을 바닥에 놓쳐 다시 헹궈야 했다. 이번에는 형과 내가 있는 힘껏 바지를 짠 다음 민성이와 함께 교실로 갔다.
 그런데 갑자기 박수소리가 들렸다. 교실에 계셨던 어머니들이 우리를 향해 박수를 쳐주고 계셨다. 영문을 몰랐는데 형과 내가 민성이를 잘 챙겨 대견해서 쳐주시는 박수라고 하셨다. 쑥스러웠지만 기분은 아주 좋았다.
 이런 여러 가지 일을 겪는 동안 시간이 많이 흘렀다. 처음 민성이를 만났을 땐 민성이는 초등학교 2학년, 나는 3학년 이었는데 고등학생이 될 때까지 거의 매주 민성이와 만났다.

 그러다 한 번은 시험기간이 겹쳐 봉사활동을 가지 못하게 됐다. 그 주에 본 시험들을 전부 망쳐서 주말에 공부를 꼭 해야 하는 상황이었다. 민성이가 나를 찾을 것 같았지만, 성적이 너무 안 나올 것 같아서 눈 딱 감고 공부를 하기로 했다. 하지만 집중이 잘 안됐고, 시험을 잘 보지도 못했다. 그냥 일주일 내내 민성이에게 미안한 마음만 느끼다 센터로 가게 되었다.
 센터에 도착해 민성이를 찾는다. 누군가 민성이 얘기를 하는 게 들렸다. 어떤 남자아이와 어머니였는데 민성이를 가리키며 사납고 고집이 센 아이라고 했다.

　나는 기분이 상해서 "우리 민성이 그런애 아니에요."라고 대뜸 말했다. 남자 아이는 나를 째려보고, 그 아이의 어머니도 못 마땅하게 보았다.

　원장 선생님이 나오시다 씩씩거리는 나를 보았다.

　나한테 왜 그러냐고 물으시길래 저 봉사자들이 민성이 욕을 했다고 말씀드렸다. 그랬더니 원장님께서 그쪽을 유심히 보셨다. 그리고는 "어머! 저분들이 지난주에 너대신 민성이를 돌본 봉사자들이야."라고 얘기했다.

　"저 대신 민성이를 돌봤다구요?"

　그러자 선생님께서 지난 주에 있었던 일들을 말씀해주셨다.

　민성이가 남자아이와 어머니에게 하루 종일 화를 내고, 욕을 하고, 물건을 던지고 울었다고 했다. 그러면서 계속 "김경노! 나쁜 놈 임미숙! 김경노!"라고 어머니와 나를 번갈아 부르며 큰 소리를 쳤다고 했다. 그러는 바람에 그 남자아이와 그 아이의 어머니가 아주 호되게 고생을 했다고 했다.

　그제야 그 봉사자들이 왜 그런 말을 했는지 이해가 됐고, 민성이한테 너무 미안했다. 그때 민성이가 저쪽에서 나를 보고 벌떡 일어났다. 그 바람에 갖고 놀던 블록들이 다 넘어졌는데 싱글벙글 웃으며 "김경노! 김경노!"를 불렀다. 나도 같이 손을 흔들며 "이민성! 이민성!"을 불렀다.

　지금 생각해도 그때 제일 기억에 남고, 민성이가 제일 반가웠던 것 같다. 민성이와 난 우리가 고등학생이 될 때가지 만났다. 그러는 사이 민성이는 아주 많이 좋아졌다. 욕도 덜 하고, 성격도 덜 소란해지고, 말수도 조금 씩 줄이며 자제도 할 줄 알게 되었다.

　한 살 차이 밖에 안 나는 동생이었지만, 어떤 때는 민성이의 발전하는 모습이 내 조카가 자라는 모습을 보는 것처럼 대견하고 기특하게 느껴졌다.

　많은 봉사자들이 처음에는 내가 그랬듯 큰 결심 없이 우연한 기회로 봉사를 하는데, 함께 지내는 시간이 많아질수록 서로가 기다리는 관계가 된다는 어머니 말씀이 무엇인지 알 것 같았다.

　시간의 힘은 대단한 것 같다. 언제부터인가 민성이가 내 말을 잘 따라주었다. 민성이가 이상 행동을 하면 내가 혼내기도 하고 하면 안 된다고 가르쳤다. 그렇게 하면서 민성이는 나를 따르고 의지하면서 스스로 행동을 자제하려고 노력하는 것이었다.

　책을 읽거나 공책에 쓰면서 특별히 공부를 한 것도 아닌데 중학생이 됐을 때부터는 민성과 편안한 사이가 돼있었다.

　어느 순간부터 노하우도 생기고 민성이가 말하지 않아도 민성이가 원하는 것을 읽고 대체해 준다. 우리는 새로운 경험을 함께 하고 체험을 쌓으면서 가까워졌다. 민성이의 말수도 줄고 낮게 말해주어서 민성이와 차에 타도 머리가 아프지 않았다. 체험을 다녀

온 날에 잠도 잘 잤고 몸도 처음처럼 아프지 않았다.

그러던 어느 날, 자기보다 어린 동생을 돕는 민성이를 보게 됐다. 멀리서 보니 키도 이제 나만해졌고, 동생들을 챙기는 건 나보다 나은 것 같았다. 내 열매라서 언제까지나 옆에서 보살피고, 챙겨줘야 할 줄 알았는데 나보다 멋지다는 생각이 들었다.

그런데 민성이와의 이별은 생각보다 빨리 찾아왔다.

나는 민성에게 멋지다는 얘기를 해줄 사이도 없이 갑자기 헤어지게 됐다.

건강가정지원센터의 예산이 부족해져서 장애우에 대한 지원이 축소됐고, 그것으로 인해 봉사단이 해체 된 것이다. 예고도 없이 갑자기 일어난 일이라서 민성이는 물론 그동안 봐왔던 열매들과 인사도 못하고 헤어졌다.

처음 그 소식을 들었을 땐 덤덤했다.

'7년이라는 긴 시간을 함께 했는데……뭐 어쩔 수 없지.'

센터가 문을 닫는 다는 소식에도 내가 무표정하자 어머니가 이렇게 말씀 하셨다.

"김경노, 이제 다음 달부터는 봉사 없다. 좋겠네?"

"이제 진짜 안 가도 돼요?"

"그래 진짜야."

"이제 나도 주말에 놀 수 있겠네."

그때는 진짜 그 생각이 다였다.

그런데 막상 다음주 봉사하던 시간이 되니까 마음이 이상했다. 주말에만 시간이 나는 형하고 실컷 얘기를 할 수도 있었고, 자전거를 타러 나갈 수도 있었는데 자꾸만 속상했다. 그러다 갑자기 화가 났다.

'아니, 언제는 봉사하러 가야 한다고 하더니, 이제 친해지게 만들어 놓고는 민성이를 만나지 말래! 나한테 왜 이러는 거야?'

내가 형과 보내는 시간을 기다리는 것처럼 민성이도 날 기다릴 텐데. 나는 어머니와 형에게 화를 내며 울었다.

"형! 엄마! 말 좀 해봐요. 내가 뭘 잘못했나요? 나도 민성이도 잘못 한 게 없어요. 근데 왜 헤어져야 해요?"

제대로 인사도 못하고 헤어져야 하다니 억울했다.

'나도 이렇게 황당하고 속상한데, 민성이는 얼마나 답답하고 속상할까? 그리고 누가 민성이의 마음을 풀어줄까?'

그날 밤 나는 억울해서 엉엉 울었다. 민성이는 나에게 봉사를 해야 하는 열매가 아니다. 이제 민성이는 나와 7년 가까이 만난 친구이다. 나는 민성이가 보고 싶다. 그러나 만날 수 없다. 센터가 아니면 봉사자는 열매를 만날 수 없다. 이런 규칙도 지금은 이해가 안 가고 화가 난다. 왜 계속 친하게 지내게 하지 않는 거지?

잘 못도 안 하고 벌을 받는 기분이었다. 그리고 하루아침에 그렇게 예산을 줄여버린 어른들도 미웠다. 나는 왜 그런 일이 일어났는지 알아야겠다고 생각했다. 그래서 다시는 이런 일들이 일어나지 않게 막아야겠다는 생각을 했다.

그 뒤로 아주 오랫동안 "김경노! 김경노!" 하고 날 부르는 민성이 목소리가 생각났다.

민성이와 그렇게 헤어진 후, 나는 한동안 봉사를 하지 않았다. 다시 그런일이 생기면 어쩌나 하는 생각이 들었고, 또 다시 다른 친구를 만나서 사귀는데 민성이한테 미안하는 생각을 하게 됐다.

봉사 활동을 그만두게 되자 주말에 집에 있는 시간이 늘어났다. 나는 그 시간을 주로 영화를 보며 보내게 되었다. 그러다 보니 꽤 많은 영화를 보게 됐고, 이왕이면 그냥 나 혼자 보고 끝낼 것이 아니라 블로그를 만들어 보자는 생각이 들었다.

그리고 마음 한 편에, 민성이도 영화를 좋아하니 어쩌면 나중에라도 인터넷을 배워 영화 블로그를 볼수도 있다는 생각도 들었다. 나는 그런 마음들, 시간들을 달래기위해 영화 블로그 http://blog.naver.com/0105997를 만들게 됐다.

영화를 보면 영화 포스터와 함께 보고 느낀점 이나 영화의 줄거리 등을 기록 했다.

그리고 준영이와 보냈던 일들을 정리했다. 어려서의 일은 잘 기억나지 않는 것도 많았다. 그럴 때 준영이와 함께 보냈던 엄마가 옆에서 알려주셨다. 준영이와의 일을 정리하니 준영이가 더 그리워졌다. 재미있는 취미 생활이었고, 주말을 보내는 게 지루하지 않아서 좋았다.

그러다 김태균 감독님의 '맨발의 꿈'이라는 영화를 보게 되었다. 한국에서 별로 인기 없는 축구감독이 동티모르에 가게 되고, 그곳의 아이들에게 축구를 가르치며 일어나는 일이었다. 축구화도 없이 맨발로 공을 차는 아이들을 모아서, 축구화랑 유니폼을 갖춰가게 한 후 축구팀을 만들고 승리라고 이끌어 가는 영화였다.

나는 영화에 나오는 축구감독이 나와 비슷하다고 생각했다. 그 축구 감독이 처음부터 아이들을 아끼고 사랑한게 아니었다. 억지로 동티모르게 가게 됐고, 거기서 맨발로 공차는 애들을 본 순간 축구화랑, 유니폼을 비싸게 팔아 버려야겠다고 생각해서 아이들에게 접근한 것이다. 그런데 그렇게 부딪히면서 그 아이들의 가난한 사정, 희망없는 삶을 알게 되고 그런 애들에게 희망을 주려고 노력하게 된다.

나도 그랬다. 나도 처음엔 봉사활동이 뭔지도 모르고 그냥 따라갔다. 가서도 한 참 동안 진짜 마음을 쏟진 못했다. 그런데 어느 순간에 민성이를 이해하게 됐고, 친해지게 됐고, 민성이에게 정말 좋은 사람이 되고 싶다는 생각을 하게 된 것이다.

그 영화를 보면서 다시 봉사활동을 하고 싶다는 생각을 하게 됐다. 내가 다시 열심히 봉사활동을 하면, 민성이도 어디에 있든 다른 좋은 봉사자를 만날 것 같다는 생각이 든 것이다. 다시 힘이 났다. 그리고 이 다음에 나도 이렇게 사람의 마음을 치료하는 영화를 만들고 싶다는 생각을 갖게 됐다.

라온누리

라온누리 단장 준혁이형은 내가 아는 사람중에 제일 모범생이다. 형은 공부도 잘하고, 성격도 참 차분하다.

그러다 어느 날 형이 중학교 3학년 때 영어 동아리에서 UCC를 만들기도 했단 얘기를 듣게 되었고 나는 깜짝 놀랐다. 그런 영상

을 찍고 하는 건 활발하고 노는 걸 좋아하는 사람들이 하는 건 줄 알았는데, 형이 그런걸 했다니 신기하다고 생각했다.

그런데 얼마뒤 또 한 번 준혁이 형 때문에 놀랄 일이 생겼다. 형이 봉사단을 만든다는 얘기를 들은 것이다. 나는 형이 봉사활동을 하는 줄도 몰랐다. 그래서 나도 봉사활동을 한다는 얘기를 안 했었는데, 이런 줄 알았으면 진작 얘기하고 같이 할 걸 그랬다는 생각이 들었다.

나는 형에게 전화해서 나도봉사단에 들어가고 싶다고 했다. 형은 좋다고 했고, 정기모임 날짜를 가르쳐주었다. 그리고 같이 할 사람이 있으면 추천해 달라고 했다. 이 번에 형이 만들려는 봉사단은 순수하게 청소년들끼리만 이끌어 나갈 봉사단이라. 사람이 많으면 많을수록 좋다고 했다.

나는 디자인을 잘하는 청솔이 누나에게 전화해서 누나도 같이 가자고 했다.

우리끼리 하는 일이니 여러 가지 재주를 가진 사람이 많으면 좋을 거란 생각이 들었고, 누나도 나도 영화에 관심이 많으니까 홍보영상이나 이런 일을 같이 하면 좋겠다는 생각이 들었다. 청솔이 누나도 좋아하고 얘기를 해서 같이 정기 모임에 가게 됐다.

그리고 3월1일 라온누리란 이름으로 봉사단이 창단됐고, 나는 다시 봉사를 시작하게 됐다.

가장 기뻐하신 분은 어머니였다. 내가 민성이 일로 상처를 받고 봉사를 그만둔 걸 보시고 많이 마음아파 하셨었다. 어머니는 그 일이 있은 후에도 바로 봉사를 시작하셔서 계속 하고 계셨다.

라온누리가 되어 봉사를 하게 되면서 가장 좋았던 건, 다양한 프로그램을 할 수 있다는 점이었다. 그 중엔 내가 평생 해볼 일이 없을 것 같은 프로그램도 있었다. 이를 테면 푸른솔 생활학교에서 하게 된 요리수업이 그런 것이었다.

요리라는 말을 듣고 나는 깜짝 놀랐다.

우리 집엔 아빠, 형, 나 이렇게 남자 셋에, 어머니만 여자라서 주방에는 늘 어머니만 계신다. 나는 주로 아빠나, 형과 노는데 요리를 하면서 놀 일은 없었기 때문이다.

게다가 푸른솔 프로그램에서는 요리수업을 해줘야 하는 입장이라 더 긴장이 됐다. 인터넷을 찾아 쉽고, 맛있는 메뉴를 찾았다. 그렇게 선택된 메뉴가 '피자 고구마 빵'이었다.

드디어 수업시간 고구마를 삶아서 식힌다음 아이들에게 나눠주고 직접 껍질을 벗기고, 고구마를 으깨보라고 했다. 큰 고구마를 자를 때는 칼도 이용했는데, 아이들이 다칠 까봐 조마조마 했다.

그런데 그중 몸이 조금 불편한 아이가 있었다. 그 아이가 계속해서 나를 불렀다.

"형, 고구마 까줘."
"형, 고구마 잘라줘."
"형, 숟가락 흘렸다."

갑자기 민성이가 생각나서 보고 싶어졌다. 그러나 꾹 참고 앞에 있는 아이에게 집중했다. 아이를 자세히 살펴보니 아주 꼼짝 못 할 정도는 아니었다.

내가 한 참 관심을 두고 눈길을 주니 아이가 나에게 다가왔다. 그리고 말했다.
"형, 나는 발작을 해요. 그래서 무서워서 못하는 거야"
나는 그 아이에게 용기를 주고 싶어서 아이의 손에 과도를 쥐어 주고 말했다.
"봐, 이걸로 천천히 잘라 봐. 생각보다 안 어려워. 할 수 있어."
아이는 잘 안돼서 싫다고 했다. 나는 "너보다 더 불편해도 끝까지 하는 사람을 봤다"고 얘기하며 용기를 주었다. 그리고 다 할 때까지 식빵을 나눠 주지 않을 테니까 마음 편하게 하라고 했다.
아이는 처음엔 마지못해 하는 듯 퉁명스럽더니, 내가 식빵을 안 나눠주고 기다리자 하기 시작했다. 커다란 조각을 칼로 자르고, 숟가락으로 으깼다. 내 생각보다 훨씬 잘했다. 나는 그 애를 칭찬해주고, 상으로 제일 먼저 식빵을 나눠줬다.
그 다음 나머지 아이들에게 식빵을 나눠 줬다.
"자, 이제 식빵위에 고구마 으깬 걸 바르는 거야."
그리고 치즈는 내가 직접 뿌려줬다. 마지막으로 후라이팬에 올려서 치즈를 녹여주면 요리가 완성이었다.
그런데 기다리지 못하고 야금야금 먹는 아이도 있고, 욕심내서 치즈를 너무 많이 올려서 흘러내려 태우는 애들도 있었다 하지만 다들 재밌어 하고, 맛있어했다. 나도 같이 먹어보니 고구마 피자 맛이 났다.

그 다음 주 부터 푸른솔 학교에만 가면 아이들이 요리수업 하자고 난리를 쳤다.

잔뜩 기대하면서 언제 또 하냐고 묻는데, 그 모습이 귀여웠다. 나는 그 때부터 조금씩 요리에 취미를 갖게 됐다. 그런 봉사라면 일주일 내내 할 수 있겠다는 생각도 들었다. 아이들도 좋아하고, 나도 배가 부르니 재미있고, 신났다.

그 날에 쓴 나의 소감문이다.

〈3월 20일, 푸른솔 아이들과 요리를 하기로 된 날이다.

나는 요리수업 한 달 전 즈음에 학교에서 농구를 하다가 공에 맞아서 손가락과 손등 사이의 뼈가 부스러져서 수술하고 깁스를 했었다. 내가 가기로 한 날은 깁스를 푼 지 3일째 되는 날이었다. 아직은 손이 불편하고 아팠다. 하지만 아이들이 보고 싶어서 기대감에 단숨에 달려갔다.

떨리는 마음으로 푸른솔 아이들과 고구마 피자빵을 만들었다. 내가 맡은 짝은 손이 불편한 아이였다.

"나는 손이 불편하니까 안 할게" 했다.

나는 옆에서 "할 수 있어! 형이 가르쳐 줄게. 보고 해 보자" 하면서 용기를 주고 흥미를 넣어 주었다.

그러자 점차 직접 하기 시작했다. 중간 중간, 내 짝은 말했다.

"형, 나는 발작을 할 수 있어서 모양이 엉망으로 될 수도 있어."

나는 그 모습을 보고 자기의 병에 대해서 숨기려 하지 않는 내 짝이 자랑스러웠다. 그래서 내 손이 불편하다는 사실도 잊고 나는 내 짝이 오이와 당근을 썰고 피자치즈가루를 뿌리는 것을 도우면서 내 것도 만들었다. 우리는 멋진 협력을 통해 세상에서 하나밖에 없는 맛있는 '협력의 고구마 피자빵'을 만들었다.

이 수업을 통해 아이들에 대해서 깊이 있게 아는 시간이 될 수 있다는 것을 알았다.

오늘 수업을 통해, 아이들이 순수하고 솔직한 존재라는 사실을 깨달았다.

내가 마음을 열고 아이들을 바라보면 아이들이 햇살처럼 밝고 맑게 다가온다는 것을 배웠다. 재능 기부는 아이들과의 협력과 상호작용을 통해 사람에 대해 깊이 있게 알게 되는 소중한 시간이라는 것도 알았다.

나는 오늘도 아이들과 함께 한 시간을 통해 아름다운 시간을 보냈고 추억을 만들었고 더 성숙할 수 있었다. 아이들과 함께 하는 재능기부를 통해 아이들에게 기쁨을 주는 존재가 되고 싶다.

하지만 맨날 그런 봉사만 할 수 있는 게 아니었다. 쓰레기를 치우거나, 페인트 칠을 하거나, 어떤 날에는 혼자 사는 할아버지의 쾨쾨한 집을 하루 종일 청소해야 할 때도 있었다.

그중에 진짜 가장 힘들었던 기억은 노재문(가명) 아저씨의 집에 봉사를 갔던 일이다.

노재문 아저씨는 40대 남자 아저씨셨다. 그 아저씨는 살이 쪄서 몸이 둔한데다 갑자기 중풍이 와서 몸이 불편해진 분이라고 했다. 최근에는 중풍이 더 심해져서 옷도 못 갈아입고, 쌀조차 씻을 수 없는 상태라고 했다.

그래서 우리가 정기적으로 방문해서 아저씨의 안부도 묻고 청소나 식사를 해결해주는 봉사가 필요하다고 했다.

아저씨의 집을 처음 갔던 날, 나는 정말 그 냄새를 잊을 수가 없다. 현관문을 열자마자 숨을 흡! 참아야 할 만큼 엄청난 악취가 났다. 땀 냄새와 음식물 쓰레기 냄새와, 화장실 냄새가 뒤범벅 되어있었다. 안으로 들어가니 아저씨는 맨몸에 바지만 입고 앉아 계셨다. 우리는 우선 남자들만 들어가서 아저씨의 손발을 씻겨드리기로 했다. 다시 안으로 들어가서 현관에 신발을 벗으려고 하는데 내 엄지 손가락만한 바퀴벌레들이 바닥을 돌아다니는 게 보였다. 도저히 신발을 벗을 수 없어서 그냥 신은 채 들어갔다.

아저씨는 우리가 신발을 신고 들어가는 것을 보고도 아무 말도 안했다. 얼마나 오랫동안 안 씻으셨는지 얼굴과 온몸이 새까맣게 변해 있었다. 그리고 막 쉰 냄새가 났다. 아저씨가 목을 긁을 때 마다 하얀 비듬 같은 게 떨어졌다.

우리를 보고도 아무 말도 안하고 계속 몸만 긁으셨다. 그런데 아저씨 덩치가 너무 커서 무서웠다. 아무도 목욕하자는 말을 못 꺼냈다. 다들 망설이는데 단장인 준혁이 형이 우리를 소개하는 말을 했다. 그리고 목욕을 시켜 드리겠다고 했다. 그러자 아저씨가 '화장실이 더러워...' 라고 말했다. 목소리가 너무 가늘어서 깜짝 놀랐다. 그리고 계속 얘기를 들어보니 혀도 짧으셨다. 그래서 아저씨 아니고 아이들 말 투 같았다. 두려운 기분이 사라졌다.

우리는 우선 청소를 시작하는 게 좋겠다는 결론을 내렸다.

그런데 어디서부터 손을 대야 할지 모를 만큼 더러웠다. 방구석에는 의문의 신문지가 뭉쳐서 쌓여 있고, 책상에는 먹다 남은 음식물 찌꺼기가 썩은 채로 있었다. 냉장고를 여니 냄새만 진동하고 텅 비어 있었다.

싱크대는 몇 년을 안 닦았는지 하수구 냄새가 났다. 그런데 화장실로 갔던 단원들이 으웩! 하며 뛰쳐나오는 게 보였다. 가보니 변기가 막혀서 오물들이 그냥 쌓여 있었다. 그리고 그 위로 파리들이 잔뜩 끼어 있었다.

우리 악취 때문에 밖에 나가서 숨을 쉬고 다시 들어오기를 반복하면서 청소를 했다. 다행이 나는 화장실 청소를 맡진 않았다. 싱크대와 방에 신문지를 버리는 일을 했다. 신문지 더미를 들었더니 바퀴벌레들이 후드득 떨어졌다. 결국 나는 아악 소리를 들으며 신문지를 던져 버렸다. 나는 이 세상에서 벌레와 쥐가 제일 싫다. 준혁이 형에게 여기서 쥐까지 나오면 집에 가버리겠다고 얘기했다. 그러자 형이 조금만 참으라고 했다.

우리가 청소를 하는 동안 아저씨는 그냥 식탁에 앉아 계셨다. 땀도 나고 미치겠고 나는 괜히 아저씨한테 화가 났다.

'정말 너무 하시네, 아저씨 집인데 좀 돕지.'

내가 몇 번 눈치를 주는데도 아저씨는 그냥 앉아 있었다.

겨우 정리가 끝나고 여자애들이 들어왔다. 단원 중 덩치가 좋은 형 둘이 아저씨에게 들어가서 목욕을 하자고 했다. 그러자 아저씨가 이렇게 말했다.

'배가 고파서 못 일어나겠어.'

그 말을 듣는데, 갑자기 당황이 됐다.

청소를 안 돕는 다고 원망했는데, 안 도운에 아니라 기운이 없어서 못 일어나신 거였다. 갑자기 미안했다.

아저씨의 말을 듣고 여자단원들이 준비해 온 음식을 꺼냈다. 아저씨는 그중에 부침개를 제일 먼저 드셨다. 까맣게 때가 낀

손으로 그냥 집어서 드시는 데 너무 맛있게 드셔서 말릴 수가 없었다. 아저씨는 순식간에 접시들을 비우셨다. 그걸 다 드시고 나서야 욕실로 가서 목욕을 하셨다.

목욕까지 시켜드리고 그 집을 나오는데 뒤에서 아저씨가 작게 인사하는 소리가 들렸다.

'잘가요.. 고맙습니다.'

우리가 훨씬 어린데 그렇게 말씀하시니 괜히 미안했다.

그리고 아까 쥐가 나오면 가버리겠다고 소리친 걸 아저씨가 들었을 것 같다는 생각이 나서 미안했다. 그런데 "다음에 또 올께요!"라고 대답은 못하고 왔다. 솔직히 다시 또 와서 그런 광경을 본다면 한 번 더 견딜 수 있을까 자신이 없었다.

그날 밤 결국 나는 쥐떼와 바퀴 벌레 떼에게 공격당하는 꿈을 꿨다. 꿈에도 깼는데도 몸이 막 가려웠다.

한 참 몸을 긁다가 그런 생각이 들었다. 나는 꿈만으로도 그런데, 항상 그 속에서 지내시는 아저씨는 진짜 고통스럽겠다. 어쩌다 한 번 우리가 방문하는 날에야 그나마 편하실 것 같다는 생각이 들자, 다음에 기회가 되면 되도록 가야겠다는 생각이 들었다.

그렇게 마음먹으니 걱정은 됐지만 마음은 편해졌다. 나는 이번에는 바퀴벌레가 안 나오는 꿈을 꾸게 해달라고 기도하며 잠자리에 들었다.

그리고 몇 개월 뒤 설날, 새벽부터 날 찾는 전화가 왔다. 준혁이 형이었다. 청천동에 혼자 사시는 할아버지와 노재문 아저씨에게 떡국을 끓여 드리러 가는데 같이 가자는 전화였다.

나는 얼른 같이 가겠다고 했다. 나는 어머니께 나가봐야 한다고 했다. 그러자 새해 첫날부터 어디를 가냐고 물으셨다. 나는 노기문 아저씨 이야기를 해드렸다. 그러자 어머니가 그럼 떡국을 끓일 수 있게 고기국물을 내 줄 테니 기다리라고 하셨다.

어머니가 챙겨주신 고기국물과 떡을 가지고 준혁이 형을 만났다. 지은 누나가 전과 나물들을 준비해 왔고, 청솔이 누나도 왔다. 우린 할아버지와 아저씨께 떡국을 드릴 생각에 신이 났다. 우리에게 청천동 할아버지와 노재문 아저씨를 알게 해주신 복지사 선생님께서 골목에서 기다리고 계셨다.

다시 아저씨 댁에 들어가려고 하니까 걱정이 됐다. 그런데 문을 열자마자 쥐 한 마리가 튀어 나왔다. 나는 너무 놀라서 들고 간 그릇을 놓칠 뻔 했다.

"봐! 결국 쥐까지 있었잖아. 아 정말 청소를 좀 하지!"

나는 쥐가 너무 싫어서 또 큰소리를 질러버렸다. 그러다 식탁에 앉아계신 아저씨와 눈이 마주쳤다. 나는 얼른 그 시선을 피했다. 죄송하기도 해서 얼른 떡국을 끓이려고 하는데 문제가 생겼다.

그 사이 가스비를 못 내셔서 가스가 끊겨 있었다. 복지사 선생님도 당황했다. 방법을 찾아가 내가 어머니께 전화를 드렸다. 봉사활동 경험이 많으시니 뭔가 대안을 주실 것 같았다.

역시, 어머니가 대안을 주셨다. 어머니는 혹시 그럴 수도 있을 것 같아서 국물 맛을 다 내서 보냈으니 그릇에 국물을 붓고, 떡을 넣은 다음 전자레인지에 돌리라고 하셨다. 우리는 손뼉까지 치며 기뻐했다. 어머니 말씀대로 해보니 정말 떡국이 됐다.

아저씨는 계속 "맛있습니다. 맛있습니다." 하면서 드셨다.

그 사이 말투가 더 아이 같아 지셨다. 복지사 선생님 말씀을 들으니 중풍까지 생기셔서 고생을 많이 하고 계시다고 했다. 설날에도 혼자 계신 아저씨를 보니까 마음이 안 좋았다. 이렇게 추운 겨울에 중풍까지 심해져서 옷도 제대로 못 입고 계셨다. 준혁이 형과 같이 따뜻한 옷을 입혀드렸다.

아저씨가 좋아하시는 모습을 보니 새벽에 일어나 피곤했던 것도, 쥐가 나올까봐 조마조마 했던 마음도 다 풀렸다.

집으로 돌아오는 길에 준혁이 형이 나를 놀렸다.

"쥐가 그렇게 싫으냐?"

"응 싫어. 그래서..."

"그래서? 그래서 이제 여기 안 올 거야?"

나는 가로 저었다.

"아니, 바퀴벌레 약이랑 쥐약이랑 잔뜩 사 올 거야. 이 더러운 놈들 맛 좀 봐라. 내가 아주 싹 혼내 줄 테다!"

준혁이 형이 진지한 표정으로 라온누리에 예산이 있는지 알아

보겠다고 했다. 진지한게 형의 매력이지만 이럴 땐 조금 재미없다. 나는 내가 사겠다고 했다. 다른 집은 몰라도 노재문 아저씨 집에는 꼭 내가 약을 사주고 싶었다.

조금 늦긴 했지만 몇 달 지나서 약을 사서 아저씨 댁으로 갔다. 약도 놔드리고 시골에서 뜯어온 상추랑 해서 식사도 드렸다. 나는 아저씨께 왜 혼자 사시냐고 물었다.

아저씨는 다음에 말씀해 주신다고 했다.

나는 아직 그 얘기를 듣지 못했다. 하지만 언젠가 말씀해 주실 것 같다.

나는 요즘 숭의동에서 영화수업을 듣고 있다.

시나리오 용어나 촬영용어를 배우는데 솔직히 지루하고 졸릴 때가 많다. 카메라를 들고 나가서 찍고 편집하면 영화가 되는 건 줄 알았는데, 알아야 할 게 너무 많았다. 하지만 꾸준히 참고 배워

볼 생각이다. 왜냐하면 찍고 싶은 이야기가 있고, 조금씩 시나리오로 쓰고 있기 때문이다.

나는 노재문 아저씨처럼 자기 마음을 이야기하지 못하는 사람을 위해 영화를 만들고 싶다. 그 분들을 잘 지켜보고 그 모습을 잘 담아서, 그 분들이 혼자 아니란 걸 알게 해주고 싶기 때문이다.

나는 지금도 내가 착하거나, 훌륭한 사람이라고는 생각하지 않는다. 하지만 민성이를 만나면서 참는 법을 배웠고, 노재문 아저씨를 만나면서 내가 해야 하는 역할에 대해 생각도 하게 되었다.

나는 이 세상에 필요한 사람이 되고 싶다.

그리고 그렇게 될 수 있다는 자신감이 있다. 대신 노재문 아저씨나, 민성이 같은 친구들에게도 아주 필요한 그런 사람이 되고 싶다. 왜냐하면 그분들 역시 나에게 소중하고 필요한 분들이라는 걸 알게 되었기 때문이다.

라온누리를 하면서 만난 많은 사람들 덕에 나는 내가 할 일을 알게 되었고, 내가 이 세상에 필요한 사람이라는 확신을 얻게 되었다. 나는 이제 그분들에게 이런 내 마음과, 그분들로 인해 느꼈던 감사들을 좋은 영화로 잘 전하며 살 계획이다.

나는 라온누리를 하면서 정말 학교 공부는 딱 중간등수까지만 하고 봉사랑 자전거 타기, 영화보기만 한 것 같다. 그런데 그게 다가 아니었다. 나는 봉사를 하면서 많은 사람들을 만났다. 안상호, 성민 샘 같은 예술인들, 동장님이나 주사님 같은 공무원들, 연구

소직원, 마중물 교수님들, 청천동할아버지와 아저씨, 상담사 선생님 그리고 라온누리 형, 누나, 친구, 동생들과 민성, 숭의동 보라색 집에서 나온 젊은 엄마와 아이들... 그 만남을 통해 나는 나를 알게 됐고 성숙해졌다. 더 나아가 이웃과 세상을 위해 내가 할 일도 알게 되었다.

나는 나와 이웃과 세상을 알게 해준, 꿈을 갖게 해준 모든 분들께 감사함을 느낀다. 그래서 그 고마움을 전하기 위해 내가 할 수 있는 일들을 고민해 봤다.

나는 봉사와 영화를 좋아한다. 그래서 숭의동에서 영화촬영수업에서 감독을 맡고 있다. 내년에도 그 다음에도 나는 내가 만난 사람들의 이야기를 담아서 알리고 싶다. 또 많은 청소년들이 우리 라온누리 재능봉사단에서 봉사를 통해 성장할 수 있도록 돕고 싶다. 그러기 위해서 형들, 누나들과 함께 짠 '봉사시스템'을 잘 관리할 계획이다.

많은 청소년들과 사회단체들이 우리와 함께 '즐겁고 행복한 세상'을 만드는 일에 동참해주면 좋을 것 같다. 나도 봉사단을 통해 민성이를 다시 만날 수 있도록 적극적으로 노력할 것이다.

| 멘토 쌤 한 마디 |

    라온누리 친구들과 함께 한지 햇수로 3년이 되어 간다.
    모일 장소를 빌려주는 것으로 매주 만나다 시피 하다가, 어느 순간부터 '멘토쌤' 이라는 직책으로 함께 하게 되었다.
    처음엔 아이들 혼자 정말 다 해낼 수 있을까 미심쩍은 마음도 있었는데, 지금은 그런 우려 없이 오직 기대뿐이다.

    불과 1년 사이 여러 봉사와 역사 탐방과 같은 야외 수업을 추진해 내고, 푸른솔 회지까지 발행했다. 내가 가장 놀랐던 건, '인천 풍물 축제' 기간 한가운데 뛰어들어 라온누리를 홍보하고, 더불어 푸른솔을 위한 후원자까지 확보한 일이다.
    가장 젊고, 가장 뜨겁고, 가장 부러운 그 시절에 저렇게 마음껏 꿈꾸고 해내는 아이들을 보고 있노라면 참 멋지다는 생각이 든다.
    최근에는 아이들의 열정에 나도 함께 뜨거워져 세 살 된 딸 아이를 등에 업고 벽화 페인트를 같이 칠했다.

특히 가장 활발하게 활동하는 다섯 친구 준혁, 성현, 지은, 청솔, 경노가 중심이 되어 만든 소모임 '파워틴스'는 어른인 내가 봐도 참 대단한 아이들의 모임이다.

파워틴스는 내가 아는 어떤 회사원들보다 성실하고, 팀웍이 잘 되며 어떤 예술가들보다 독창적이다.

그런 아이들의 모습을 볼 때마다 어디서 저런 에너지가 나오는 것일까 궁금했는데, 이번에 아이들의 글을 함께 보며 조금은 궁금증이 풀렸다.

아이들은 이 순간에도 연합하고 그렇게 서로를 지지하며 성장해가고 있다. 그 건강한 에너지가 푸른솔 학교를 환하게 만들고, 문화 거리를 아름답게 채색했다고 나는 믿는다.

그리고 아이들의 바람처럼 더 많은 친구들이 모여 더 큰 연대를 이뤘으면 한다.

앞으로 보다 더 큰 라온누리가 만들어 낼 놀라운 긍정 에너지를 기대하며 이 좋은 라온누리를 더 많은 사람들이 알게 되고, 함께 할 수 있기를 진심으로 바란다.

희망차고 행복한 삶의 지도
해피맵북스

희망아 내 소원을 들어줘

이 책은 그냥 책이 아닙니다.
아이들의 꿈과 미래와
소원이 담겨져 있습니다.

남성현과 해피홈 아이들 지음 | 160쪽

적자사장 흑자사장

특징은 같으나 결과는 달라지는
흑자를 내는 사장과 적자를 내는 사장의
통쾌한 분석!

조병선 교수 지음 | 208쪽

〈청소년을 위한 책〉
빌 게이츠의 성공체질로 바꿔주는
11가지 생활법칙

성공연구가들이 분석한 빌 게이츠의 성공 요인 11가지를
담고 있는 청소년을 위한 미래 경영서이다.

수춘리 지음 | 336쪽

〈청년을 위한 책〉
빌 게이츠의 성공인생으로 바꿔주는
11가지 생활법칙

성공연구가들이 분석한 빌 게이츠의 성공 요인 11가지를
담고 있는 청소년을 위한 미래 경영서이다.

수춘리 지음 | 288쪽

실패에 감사하라

실패를 인생의 소중한 자산으로 받아들여
살아갈 힘과 큰 기회를 얻는 비결!

루어무 편저자 | 288쪽

이영권 박사 강력 추천!

35세 전,
꼭 해야 할 낭만적인 일 101

삶의 모든 순간을 낭만으로 물들일 수 있는 체험 101가지

천수카이 지음 | 320쪽

35세 전,
여자가 꼭 해야 할 66가지

더욱 아름답고 다채로운 인생을 원하는
당당하고 매력적인 여성이 꼭 해야 할 66가지

왕싱판 지음 | 296쪽

35세 전,
남자가 꼭 해야 할 66가지

멋진 인생을 추구하는 남자의 생활!

왕싱판 지음 | 312쪽

쉘 위 브이
Shall We Volunteer

지은이 | 라온누리 청소년봉사단-파워틴스팀
　　　　 김준혁, 성지은, 김청솔, 김성현, 김경노
발행인 | 김용호
편　집 | 조진주
발행처 | 해피맵북스
　　　　 (나침반출판사 가족)

제1판 발행 | 2013년 8월 15일

등　록 | 1980년 3월 18일 / 제 2-32호
주　소 | 157-861 서울 강서구 염창동 240-21
　　　　 블루나인 비즈니스센터 B동 1607호
전　화 | 본　사(02)2279-6321
　　　　 영업부(031)932-3205
팩　스 | 본　사(02)2275-6003
　　　　 영업부(031)932-3207

홈페이지 | www.nabook.net
이 메 일 | nabook@korea.com
　　　　　 nabook@nabook.net

ISBN 978-89-318-1469-9
책번호 하-1011

값은 뒷표지에 있습니다.